O mestre ignorante

Cinco lições sobre a emancipação intelectual

Coleção
Educação: Experiência e Sentido

Jacques Rancière

O mestre ignorante

Cinco lições sobre a emancipação intelectual

Tradução
Lílian do Valle

3ª edição
12ª reimpressão

autêntica

"Le Maître Ignorant" de Jacques Rancière
Word copyright © Librairie Arthème Fayard, 1987

Todos os direitos reservados pela Autêntica Editora Ltda. Nenhuma parte desta publicação poderá ser reproduzida, seja por meios mecânicos, eletrônicos, seja via cópia xerográfica, sem a autorização prévia da Editora.

COORDENADORES DA COLEÇÃO EDUCAÇÃO: EXPERIÊNCIA E SENTIDO
Jorge Larrosa
Walter Kohan

EDITORA RESPONSÁVEL
Rejane Dias

REVISÃO
Erick Ramalho

CAPA
Jairo Alvarenga Fonseca
(Sobre O Notário de Nice (1919), Amedeo Modigliani)

DIAGRAMAÇÃO
Waldênia Alvarenga Santos Ataíde

Rancière, Jacques

R185m   O mestre ignorante – cinco lições sobre a emancipação intelectual / Jacques Rancière ; tradução de Lílian do Valle – 3. ed. 12. reimp. – Belo Horizonte: Autêntica, 2024.

192 p. (Educação: Experiência e Sentido, 1)

ISBN 978-85-7526-045-6

1. Filosofia da educação. I. Valle, Lílian do. II. Título. III Série.

CDU 37.01

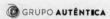

Belo Horizonte
Rua Carlos Turner, 420
Silveira . 31140-520
Belo Horizonte . MG
Tel.: (55 31) 3465 4500

São Paulo
Av. Paulista, 2.073, Conjunto Nacional
Horsa I . Salas 404-406 . Bela Vista
01311-940 . São Paulo . SP
Tel.: (55 11) 3034 4468

www.grupoautentica.com.br
SAC: atendimentoleitor@grupoautentica.com.br

APRESENTAÇÃO DA COLEÇÃO

A experiência, e não a verdade, é o que dá sentido à escritura. Digamos, com Foucault, que escrevemos para transformar o que sabemos e não para transmitir o já sabido. Se alguma coisa nos anima a escrever é a possibilidade de que esse ato de escritura, essa experiência em palavras, nos permita liberar-nos de certas verdades, de modo a deixarmos de ser o que somos para ser outra coisa, diferentes do que vimos sendo.

Também a experiência, e não a verdade, é o que dá sentido à educação. Educamos para transformar o que sabemos, não para transmitir o já sabido. Se alguma coisa nos anima a educar é a possibilidade de que esse ato de educação, essa experiência em gestos, nos permita liberar-nos de certas verdades, de modo a deixarmos de ser o que somos, para ser outra coisa para além do que vimos sendo.

A coleção *Educação: Experiência e Sentido* propõe-se a testemunhar experiências de escrever na educação, de educar na escritura. Essa coleção não é animada por nenhum propósito revelador, convertedor ou doutrinário: definitivamente, nada a revelar, ninguém a converter, nenhuma doutrina a transmitir. Trata-se de apresentar uma escritura que permita que enfim nos livremos das verdades pelas quais educamos, nas quais nos educamos. Quem sabe assim possamos ampliar nossa liberdade de pensar a educação e de nos pensarmos a nós próprios, como educadores. O leitor poderá concluir que, se a filosofia é um gesto que afirma sem concessões a liberdade do pensar, então esta é uma coleção de filosofia da educação. Quiçá os sentidos que povoam os textos de *Educação: Experiência e Sentido* possam testemunhá-lo.

*Jorge Larrosa e Walter Kohan**
Coordenadores da Coleção

---

* Jorge Larrosa é Professor de Teoria e História da Educação da Universidade de Barcelona e Walter Kohan é Professor Titular de Filosofia da Educação da UERJ.

SUMÁRIO

9 Prefácio à edição brasileira
Jacques Rancière

17 *Uma aventura intelectual*
A ordem explicadora, 20 – O acaso e a vontade, 26 – O mestre emancipador, 30 – O círculo da potência, 34.

39 *A lição do ignorante*
A ilha do livro, 40 – Calipso e o serralheiro, 46 – O mestre e Sócrates, 51 – O poder do ignorante, 53 – Os negócios de cada um, 57 – O cego e seu cão, 64 – Tudo está em tudo, 67.

71 *A razão dos iguais*
Cérebros e folhas, 72 – Um animal atento, 77 – Uma vontade servida por uma inteligência, 83 – O princípio da veracidade, 86 – A razão e a língua, 90 – Eu também sou pintor, 97 – A lição dos poetas, 100 – A comunidade dos iguais, 104.

109 *A sociedade do desprezo*

As leis da gravidade, 111 – A paixão da desigualdade, 115 – A loucura retórica, 119 – Os inferiores superiores, 123 – O rei filósofo e o povo soberano, 127 – Como desrazoar razoavelmente, 130 – A palavra no Aventino, 137.

141 *O emancipador e suas imitações*

Método emancipador e método social, 142 – Emancipação dos homens e instrução do povo, 147 – Os homens do progresso, 151 – De carneiros e de homens, 157 – O círculo dos progressistas, 162 – Sobre a cabeça do povo, 169 – O triunfo do Velho, 175 – A sociedade pedagogizada, 180 – Os contos da panecástica, 185 – O túmulo da emancipação, 190.

PREFÁCIO À EDIÇÃO BRASILEIRA

Qual o sentido de propor ao leitor brasileiro deste início de terceiro milênio a história de Joseph Jacotot – seja, em aparência, a história de um extravagante pedagogo francês dos inícios do século XIX? Mas haveria, já, qualquer sentido em propô-la, quinze anos mais cedo, aos cidadãos da França – apesar de tudo, supostamente apaixonada por tudo quanto é antiguidade nacional?

A história da pedagogia decerto conhece suas extravagâncias. E, estas, por tanto quanto se devem à própria estranheza da relação pedagógica, foram frequentemente mais instrutivas do que as proposições mais racionais. No entanto, no caso de Joseph Jacotot, o que está em jogo é bem mais do que apenas um artigo, entre tantos, no grande museu de curiosidades pedagógicas. Pois trata-se, aqui, de uma voz solitária que, em um momento vital da constituição dos ideais, das práticas e das instituições que ainda governam nosso presente, ergueu-se como uma dissonância inaudita – como uma dessas dissonâncias a partir das quais não se pode mais construir qualquer harmonia da instituição pedagógica e que, portanto, é preciso esquecer, para poder continuar a edificar escolas, programas e pedagogias, mas, também, como uma dessas dissonâncias que, em certos momentos, talvez seja preciso escutar ainda, para que o ato de ensinar jamais perca inteiramente a consciência dos paradoxos que lhe fornecem sentido.

Revolucionário na França de 1789, exilado nos Países Baixos quando da restauração da monarquia, Joseph Jacotot foi levado a tomar a palavra no exato momento em que se instala toda uma lógica de pensamento que poderia ser assim resumida: acabar a revolução, no duplo sentido da palavra: por um termo em suas desordens, realizando a necessária transformação das instituições e mentalidades de que foi a encarnação antecipada e fantasmática; passar da fase das febres igualitárias e das desordens revolucionárias à constituição de uma nova ordem de sociedades e governos que conciliasse o progresso, sem o qual as sociedades perdem o elã, e a ordem, sem a qual elas se precipitam de crise em crise. Quem pretende conciliar ordem e progresso encontra naturalmente seu modelo em uma instituição que simboliza sua união: a instituição pedagógica, lugar – material e simbólico – onde o exercício da autoridade e a submissão dos sujeitos não têm outro objetivo além da progressão destes sujeitos, até o limite de suas capacidades; o conhecimento das matérias do programa para a maioria, a capacidade de se tornar mestre, por sua vez, para os melhores.

Nesta perspectiva, o que deveria, portanto, arrematar a era das revoluções era a sociedade da ordem progressiva: a ordem idêntica à autoridade dos que sabem sobre os que ignoram, ordem votada a reduzir *tanto quanto possível* a distância entre os primeiros e os segundos. Na França dos anos 1830, isto é, no país que havia feito a experiência mais radical da Revolução e que, assim, se acreditava chamada por excelência a completar esta revolução, por meio da instituição de uma ordem moderna razoável, a instrução tornava-se uma palavra de ordem central: governo da sociedade pelos cidadãos instruídos e formação das elites, mas também desenvolvimento de formas de instrução destinadas a fornecer aos homens do povo conhecimentos necessários e suficientes para que pudessem, a seu ritmo, superar a distância que os impedia de se integrarem

Prefácio à edição brasileira

pacificamente na ordem das sociedades fundadas sobre as luzes da ciência e do bom governo.

Fazendo passar os conhecimentos que possui para o cérebro daqueles que os ignoram, segundo uma sábia progressão adaptada ao nível das inteligências limitadas, o mestre era, ao mesmo tempo, um paradigma filosófico e o agente prático da entrada do povo na sociedade e na ordem governamental modernas. Esse paradigma pode servir para pedagogos mais ou menos rígidos, ou para liberais. Mas estas diferenças não desmerecem em nada a lógica do conjunto do modelo, que atribui ao ensino a tarefa de reduzir tanto quanto possível a desigualdade social, reduzindo a distância entre os ignorantes e o saber. Foi sobre esta questão, exatamente, que Jacotot fez escutar, para seu tempo e para o nosso, sua nota absolutamente dissonante.

Ele preveniu: a distância que a Escola e a sociedade pedagogizada pretendem reduzir é aquela de que vivem e que não cessam de reproduzir. Quem estabelece a igualdade como *objetivo* a ser atingido, a partir da situação de desigualdade, de fato a posterga até o infinito. A igualdade jamais vem após, como resultado a ser atingido. Ela deve sempre ser colocada antes. A própria desigualdade social já a supõe: aquele que obedece a uma ordem deve, primeiramente, compreender a ordem dada e, em seguida, compreender que deve obedecê-la. Deve, portanto, ser já igual a seu mestre, para submeter-se a ele. Não há ignorante que não saiba uma infinidade de coisas, e é sobre este saber, sobre esta capacidade em ato que todo ensino deve se fundar. Instruir pode, portanto, significar duas coisas absolutamente opostas: confirmar uma incapacidade pelo próprio ato que pretende reduzi-la ou, inversamente, força uma capacidade que se ignora ou se denega a se reconhecer e a desenvolver todas as consequências desse reconhecimento. O primeiro ato chama-se embrutecimento e o segundo, emancipação. No alvorecer da marcha triunfal do progresso para a instrução do povo, Jacotot fez ouvir esta declaração estarrecedora: esse progresso e essa instrução são a eternização da desigualdade. Os amigos da igualdade não têm que instruir o povo, para aproximá-lo da igualdade, eles têm que emancipar as inteligências, têm que obrigar a quem quer que seja a verificar a igualdade de inteligências.

Não se trata de uma questão de método, no sentido de formas particulares de aprendizagem, trata-se de uma questão propriamente filosófica: saber se o ato mesmo de receber a palavra do mestre – a palavra do outro – é um testemunho de igualdade ou de desigualdade. É uma questão política: saber se o sistema de ensino tem por pressuposto uma desigualdade a ser "reduzida", ou uma igualdade a ser verificada. É por isto que o discurso de Jacotot é o mais atual possível. Se acreditei dever fazê-lo ouvir ainda na França dos anos 80, é porque me pareceu que ele era o único que poderia libertar a reflexão sobre a Escola do debate interminável entre duas grandes estratégias de "redução das desigualdades". De um lado, a chegada ao poder do Partido Socialista havia inscrito na ordem do dia as proposições da sociologia progressista que a obra de Pierre Bourdieu, em particular, encarnava. Esta obra, como se sabe, instalava no âmago da desigualdade escolar a violência simbólica imposta por todas as regras tácitas do jogo cultural, que asseguram a reprodução dos "herdeiros" e a autoeliminação dos filhos das classes populares. Mas ela retira dessa situação, e segundo a própria lógica do progressivismo, duas

Prefácio à edição brasileira

consequências contraditórias. Por um lado, ela propõe a redução da desigualdade pela explicitação das regras do jogo e pela racionalização das formas de aprendizagem. De outro, ela enuncia implicitamente a vanidade de qualquer reforma, fazendo dessa violência simbólica um processo que reproduz indefinidamente suas próprias condições de existência. Os reformistas governamentais não estão, porém, muito interessados nesta duplicidade própria a toda pedagogia progressista. Da sociologia de Pierre Bourdieu, eles extraíram, portanto, um programa que visava reduzir as desigualdades da Escola, reduzindo a parte que cabia à grande cultura legítima, tornando-a mais convivial, mais adaptada às sociabilidades das crianças das camadas desfavorecidas, – isto é, essencialmente, dos filhos de emigrantes. Este sociologismo restrito não fazia, infelizmente, senão afirmar melhor o pressuposto central do progressivismo, que determina que aquele que sabe se faça "acessível" aos desiguais – confirmando, desta forma, a desigualdade presente, em nome da igualdade futura.

Eis porque ele deveria rapidamente suscitar uma reação contrária. Na França, a ideologia dita republicana reagiu prontamente, denunciando esses métodos que, adaptados aos pobres, não podem ser jamais senão métodos de pobres e que começam por mergulhar os "dominados" na situação de que se tenta retirá-los. Para essa ideologia, o poder da igualdade residia, ao contrário, na universalidade de um saber igualmente distribuído a todos, sem considerações de origem social, em uma Escola bem separada da sociedade. Entretanto, o saber não comporta, por si só, qualquer consequência igualitária. A lógica da Escola republicana de promoção da igualdade pela distribuição do universal do saber faz-se sempre, ela própria, prisioneira do paradigma pedagógico que reconstitui indefinidamente a desigualdade que pretende suprimir. A pedagogia tradicional da transmissão neutra do saber, tanto quanto as pedagogias modernistas do saber adaptado ao estado da sociedade mantêm-se de um mesmo lado, em relação à alternativa colocada por Jacotot. Todas as duas tomam a igualdade como objetivo, isto é, elas tomam a desigualdade como ponto de partida.

As duas estão, sobretudo, presas no círculo da sociedade pedagogizada. Elas atribuem à Escola o poder fantasmático de realizar a igualdade social ou, ao menos, de reduzir a "fratura social". Mas este fantasma repousa, ele próprio, sobre uma visão da sociedade em que a desigualdade é assimilada à situação das crianças com retardo. As sociedades do tempo de Jacotot confessavam a desigualdade e a divisão de classes. A instrução era, para elas, um meio de instituir algumas mediações entre o alto e o baixo: um meio de conceder aos pobres a possibilidade de melhorar individualmente sua condição e de dar a todos o sentimento de pertencer, *cada um em seu lugar*, a uma mesma comunidade. Nossas sociedades estão muito longe desta franqueza. Elas se representam como sociedades homogêneas, em que o ritmo vivo e comum da multiplicação das mercadorias e das trocas anulou as velhas divisões de classes e fez com que todos participassem das mesmas fruições e liberdades. Não mais proletários, apenas recém-chegados que ainda não entraram no ritmo da modernidade, ou atrasados que, ao contrário, não souberam se adaptar às acelerações desse ritmo. A sociedade se representa, assim, como uma vasta escola que tem seus selvagens a civilizar e seus alunos em dificuldade a recuperar. Nestas condições,

Prefácio à edição brasileira

a instrução escolar é cada vez mais encarregada da tarefa fantasmática de superar a distância entre a igualdade de condições proclamada e a desigualdade existente, cada vez mais instada a reduzir as desigualdades tidas como residuais. Mas a tarefa última desse sobreinvestimento pedagógico é, finalmente, legitimar a visão oligárquica de uma sociedade-escola em que o governo não é mais do que a autoridade dos melhores da turma. A estes "melhores da turma" que nos governam é oferecida então, mais uma vez, a antiga alternativa: uns lhes pedem que se adaptem, através de uma boa pedagogia comunicativa, às inteligências modestas e aos problemas cotidianos dos menos dotados que somos; outros lhes requerem, ao contrário, administrar, a partir da distância indispensável a qualquer boa progressão da classe, os interesses da comunidade.

Era bem isto que Jacotot tinha em mente: a maneira pela qual a Escola e a sociedade infinitamente se simbolizam uma à outra, reproduzindo assim indefinidamente o pressuposto desigualitário, em sua própria denegação. Não que ele estivesse animado pela perspectiva de uma revolução social. Sua lição pessimista era, ao contrário, que o axioma igualitário não tem efeitos sobre a ordem social. Mesmo que, em última instância, a igualdade fundasse a desigualdade, ela não podia se atualizar senão individualmente, na emancipação intelectual que deveria devolver a cada um a igualdade que a ordem social lhe havia recusado, e lhe recusaria sempre, por sua própria natureza. Mas esse pessimismo também tinha seu mérito: ele marcava a natureza paradoxal da igualdade, ao mesmo tempo princípio último de toda ordem social e governamental, e excluída de seu funcionamento "normal". Colocando a igualdade fora do alcance dos pedagogos do progresso, ele a colocava, também, fora do alcance das mediocridades liberais e dos debates superficiais entre aqueles que a fazem consistir em formas constitucionais e em hábitos da sociedade. A igualdade, ensinava Jacotot, não é nem formal nem real. Ela não consiste nem no ensino uniforme de crianças da república nem na disponibilidade dos produtos de baixo preço nas estantes de supermercados. A igualdade é fundamental e ausente, ela é atual e intempestiva, sempre dependendo da iniciativa de indivíduos e grupos que, contra o curso natural das coisas, assumem o risco de *verificá-la*, de inventar as formas, individuais ou coletivas, de sua verificação. Essa lição, ela também, é mais do que nunca atual.

Jacques Rancière
Maio de 2002

CAPÍTULO PRIMEIRO

Uma aventura intelectual

No ano de 1818, Joseph Jacotot, leitor de literatura francesa na Universidade de Louvain, viveu uma aventura intelectual.

Uma longa e movimentada carreira deveria, no entanto, tê-lo resguardado das surpresas: dezenove anos, comemorados em 1789. Ele, então, ensinava Retórica em Dijon e se preparava para o ofício de advogado. Em 1792, havia servido como artilheiro nas tropas da República. Em seguida, a Convenção o teve, sucessivamente, como instrutor na Seção das Pólvoras, Secretário do Ministro da Guerra e substituto do Diretor da Escola Politécnica. De retorno a Dijon, ele havia ensinado Análise, Ideologia e Línguas Antigas, Matemáticas Puras e Transcendentes e Direito. Em março de 1815, a estima de seus compatriotas o havia tornado, à sua revelia, deputado. A volta dos Bourbons o conduzira ao exílio, onde obtivera da liberalidade do rei dos Países-Baixos o posto de professor em meio período. Joseph Jacotot conhecia as leis da hospitalidade e contava passar, em Louvain, dias tranquilos.

Mas o acaso decidiu outra coisa. Com efeito, às lições do modesto leitor acorreram rapidamente os estudantes.

Entre aqueles que se dispuseram a delas beneficiar-se, um bom número ignorava o francês. Joseph Jacotot, por sua vez, ignorava totalmente o holandês. Não existia, portanto, língua na qual pudesse instruí-los naquilo que lhe solicitavam. Apesar disso, ele quis responder às suas expectativas. Para tanto, era preciso estabelecer, entre eles, o laço mínimo de uma *coisa* comum. Ora, publicara-se em Bruxelas, naquela época, uma edição bilíngue do *Telêmaco*: estava encontrada a coisa comum e, dessa forma, Telêmaco entrou na vida de Joseph Jacotot. Por meio de um intérprete, ele indicou a obra aos estudantes e lhes solicitou que aprendessem, amparados pela tradução, o texto francês. Quando eles haviam atingido a metade do livro primeiro, mandou dizer-lhes que repetissem sem parar o que haviam aprendido e, quanto ao resto, que se contentassem em lê-lo para poder narrá-lo. Era uma solução de improviso, mas também, em pequena escala, uma experiência filosófica, no gosto daquelas tão apreciadas no Século das Luzes. E Joseph Jacotot, em 1818, permanecia um homem do século passado.

No entanto, a experiência superou suas expectativas. Ele solicitara aos estudantes assim preparados que escrevessem em francês o que pensavam de tudo quanto haviam lido. "Ele estava esperando por terríveis barbarismos ou, mesmo, por uma impotência absoluta. Como, de fato, poderiam todos esses jovens, privados de explicações, compreender e resolver dificuldades de uma língua nova para eles? De toda forma, era preciso verificar até onde esse novo caminho, aberto por acaso, os havia conduzido e quais os resultados desse empirismo desesperado. Mas, qual não foi sua surpresa quando descobriu que seus alunos, abandonados a si mesmos, se haviam saído tão bem dessa difícil situação quanto o fariam muitos franceses! Não seria, pois, preciso mais do que querer, para poder? Todos os homens seriam, pois, virtualmente capazes de compreender o que outros haviam feito e compreendido?"[1]

Tal foi a revolução que essa experiência do acaso provocou em seu espírito. Até ali, ele havia acreditado no que acreditam todos os professores conscienciosos: que a grande tarefa do mestre é transmitir seus conhecimentos aos alunos, para elevá-los gradativamente à sua própria ciência. Como eles, sabia que não se tratava de entupir os alunos de conhecimentos, fazendo-os repetir como papagaios, mas, também, que é preciso evitar esses caminhos do acaso, onde se perdem os espíritos ainda incapazes de distinguir o essencial do acessório; e o princípio da consequência. Em suma, o ato essencial do mestre era *explicar*, destacar os elementos simples dos conhecimentos e harmonizar sua simplicidade de princípio com a simplicidade de fato, que caracteriza os espíritos jovens e ignorantes. Ensinar era, em um mesmo movimento, transmitir conhecimentos e formar os espíritos, levando-os, segundo uma progressão ordenada, do simples ao complexo. Assim progredia o aluno, na apropriação racional do saber e na formação do julgamento e do gosto, até onde sua destinação social o requeria, preparando-se para dar à sua educação uso compatível com essa destinação: ensinar, advogar ou governar para as elites; conceber, desenhar ou fabricar instrumentos e máquinas para as novas vanguardas que se buscavam, agora, arrancar da elite do povo; fazer, na

---

[1] Félix e Victor Ratier, "Enseignement universel. Emancipation intellectuelle", *Journal de philosophie panécastique*, 1838, p. 155.

carreira das ciências, novas descobertas para os espíritos dotados desse gênio particular. Sem dúvida, o procedimento desses homens de ciência divergia sensivelmente da ordem razoada dos pedagogos. Mas não se extraía daí qualquer argumento contra essa ordem. Ao contrário, é preciso haver adquirido, inicialmente, uma formação sólida e metódica, para dar vazão às singularidades do gênio. *Post hoc, ergo propter hoc.*

Assim raciocinam todos os professores conscienciosos. Assim havia raciocinado e agido Joseph Jacotot, em trinta anos de ofício. Porém, eis que um grão de areia vinha, fortuitamente, se introduzir na engrenagem. Ele não havia dado a seus "alunos" nenhuma explicação sobre os primeiros elementos da língua. Ele não lhes havia explicado a ortografia e as conjugações. Sozinhos, eles haviam buscado as palavras francesas correspondentes àquelas que conheciam, e as razões de suas desinências. Sozinhos eles haviam aprendido a combiná-las, para fazer, por sua vez, frases francesas: frases cuja ortografia e gramática tornavam-se cada vez mais exatas, à medida em que avançavam na leitura do livro; mas, sobretudo, frases de escritores, e não de iniciantes. Seriam, pois, supérfluas as explicações do mestre? Ou, se não o eram, para que e para quem teriam, então, utilidade?

A ordem explicadora

Uma súbita iluminação tornou, assim, brutalmente nítida, no espírito de Joseph Jacotot, essa cega evidência de todo o sistema de ensino: a necessidade de explicações. No entanto, o que haveria de mais seguro do que essa evidência? Ninguém nunca sabe, de fato, o que compreendeu.

Uma aventura intelectual

E, para que compreenda, é preciso que alguém lhe tenha dado uma explicação, que a palavra do mestre tenha rompido o mutismo da *matéria* ensinada.

Essa lógica não deixa, entretanto, de comportar certa obscuridade. Eis, por exemplo, um livro entre as mãos do aluno. Esse livro é composto de um conjunto de raciocínios destinados a fazer o aluno compreender uma matéria. Mas, eis que, agora, o mestre toma a palavra para explicar o livro. Ele faz um conjunto de raciocínios para explicar o conjunto de raciocínios em que o livro se constitui. Mas, por que teria o livro necessidade de tal assistência? Ao invés de pagar um explicador, o pai de família não poderia, simplesmente, dar o livro a seu filho, não poderia este compreender, diretamente, os raciocínios do livro? E, caso não o fizesse, por que, então, compreenderia melhor os raciocínios que lhe explicarão aquilo que não compreendeu? Teriam esses últimos uma natureza diferente? E não seria necessário, nesse caso, explicar, ainda, a forma de compreendê-los?

A lógica da explicação comporta, assim, o princípio de uma regressão ao infinito: a reduplicação das razões não tem jamais razão de se deter. O que detém a regressão e concede ao sistema seu fundamento é, simplesmente, que o explicador é o único juiz do ponto em que a explicação está, ela própria, explicada. Ele é o único juiz dessa questão, em si mesma vertiginosa: teria o aluno compreendido os raciocínios que lhe ensinam a compreender os raciocínios? É aí que o mestre supera o pai de família: como poderia esse último assegurar-se de que seu filho compreendeu os raciocínios do livro? O que falta ao pai de família, o que sempre faltará ao trio que forma com a criança e o livro, é essa arte singular do explicador: a arte da *distância*. O segredo do mestre é saber reconhecer a distância entre a matéria ensinada e o sujeito a instruir, a distância, também, entre *aprender* e *compreender*. O explicador é aquele que impõe e abole a distância, que a desdobra e que a reabsorve no seio de sua palavra.

Esse *status* privilegiado da palavra não suprime a regressão ao infinito, senão para instituir uma hierarquia paradoxal. Na ordem do explicador, com efeito, é preciso uma explicação oral para explicar a explicação escrita. Isso supõe que os raciocínios são mais claros – imprimem-se melhor no espírito do aluno – quando veiculados pela palavra do mestre, que se dissipa no instante, do que no livro, onde estão inscritas para sempre em caracteres indeléveis. Como entender esse privilégio paradoxal da palavra sobre a escrita, do ouvido sobre a vista? Que relação existiria, pois, entre o poder da palavra e o do mestre?

Mas, a esse paradoxo logo segue-se outro: as *palavras* que a criança aprende melhor, aquelas em cujo sentido ela penetra mais facilmente, de que se apropria melhor para seu próprio uso, são as que aprende sem mestre explicador, antes de qualquer mestre explicador. No rendimento desigual das diversas aprendizagens intelectuais, o que todos os filhos dos homens aprendem melhor é o que nenhum mestre lhes pode explicar – a língua materna. Fala-se a eles, e fala-se em torno deles. Eles escutam e retêm, imitam e repetem, erram e se corrigem, acertam por acaso e recomeçam por método, e, em idade muito tenra para que os explicadores possam realizar sua instrução, são capazes, quase todos – qualquer que seja seu sexo, condição social e cor de pele – de compreender e de falar a língua de seus pais.

E, então, essa criança que aprendeu a falar por sua própria inteligência e por intermédio de mestres que não lhe explicam a língua, começa sua instrução, propriamente dita. Tudo se passa, agora, como se ela não mais pudesse aprender com o recurso da inteligência que lhe serviu até aqui, como se a relação autônoma entre a aprendizagem e a verificação lhe fosse, a partir daí, estrangeira. Entre uma e outra, uma opacidade, agora, se estabeleceu. Trata-se de *compreender* – e essa simples palavra recobre tudo com um véu: *compreender* é o que a criança não pode fazer sem as explicações fornecidas, em certa ordem progressiva, por um mestre. Mais tarde, por tantos mestres quanto forem as matérias a compreender. A isso se soma a estranha circunstância, de que as explicações, depois que se iniciou a era do progresso, não cessam de se aperfeiçoar para melhor explicar, melhor fazer compreender, melhor ensinar a aprender, sem que jamais se possa verificar um aperfeiçoamento correspondente na dita compreensão. Antes pelo contrário, começa a erguer-se um triste rumor, que não mais deixará de se amplificar, de um contínuo declínio na eficácia do sistema explicativo, a carecer, evidentemente, de novo aperfeiçoamento para tornar as explicações mais fáceis de serem compreendidas por aqueles que não as compreendem…

A revelação que acometeu Joseph Jacotot se relaciona ao seguinte: é preciso inverter a lógica do sistema explicador. A explicação não é necessária para socorrer uma incapacidade de compreender. É, ao contrário, essa *incapacidade*, a ficção estruturante da concepção explicadora de mundo. É o explicador que tem necessidade do incapaz, e não o contrário, é ele que constitui o incapaz como tal. Explicar alguma coisa a alguém é, antes de mais nada, demonstrar-lhe que não pode compreendê-la por si só. Antes de ser o ato do pedagogo, a explicação é o mito da pedagogia, a parábola de um mundo dividido em espíritos sábios e espíritos ignorantes, espíritos maduros e imaturos, capazes e incapazes, inteligentes e bobos. O procedimento próprio do explicador consiste nesse duplo gesto inaugural: por um lado, ele decreta o começo absoluto – somente agora tem início o ato de aprender; por outro lado, ele cobre todas as coisas a serem aprendidas desse véu de ignorância que ele próprio se encarrega de retirar. Até ele, o pequeno homem tateou às cegas, num esforço de adivinhação. Agora, ele vai aprender. Ele escutava palavras e as repetia. Trata-se, agora, de ler, e ele não escutará as palavras, se não escuta as sílabas, e as sílabas, se não escuta as letras que ninguém poderia fazê-lo escutar, nem o livro, nem seus pais – somente a palavra do mestre. O mito pedagógico, dizíamos, divide o mundo em dois. Mas, deve-se dizer, mais precisamente, que ele divide a inteligência em duas. Há, segundo ele, uma inteligência inferior e uma inteligência superior. A primeira registra as percepções ao acaso, retém, interpreta e repete empiricamente, no estreito círculo dos hábitos e das necessidades. É a inteligência da criancinha e do homem do povo. A segunda conhece as coisas por suas razões, procede por método, do simples ao complexo, da parte ao todo. É ela que permite ao mestre transmitir seus conhecimentos, adaptando-os às capacidades intelectuais do aluno, e verificar se o aluno entendeu o que acabou de aprender. Tal é o princípio da explicação. Tal será, a partir daí, para Jacotot, o princípio do *embrutecimento*.

Entendâmo-lo bem – e, para isso, afastemos as imagens feitas. O embrutecedor não é o velho mestre obtuso que entope a cabeça de seus alunos de conhecimentos indigestos, nem o ser maléfico que pratica a dupla verdade, para assegurar seu poder e a ordem social. Ao contrário, é exatamente por ser culto, esclarecido e de boa-fé que ele é mais eficaz. Mais ele é culto, mais se mostra evidente a ele a distância que vai de seu saber à ignorância dos ignorantes. Mais ele é esclarecido, e lhe parece óbvia a diferença que há entre tatear às escuras e buscar com método, mais ele se aplicará em substituir pelo espírito a letra, pela clareza das explicações a autoridade do livro. Antes de qualquer coisa, dir-se-á, é preciso que o aluno compreenda e, para isso, que a ele se forneçam explicações cada vez melhores. Tal é a preocupação do pedagogo esclarecido: a criança está compreendendo? Ela não compreende? Encontrarei maneiras novas de explicar-lhe, mais rigorosas em seu princípio, mais atrativas em sua forma; e verificarei que ele compreendeu.

Nobre preocupação. Infelizmente, é essa pequena palavra, exatamente essa palavra de ordem dos esclarecidos – *compreender* – a causadora de todo o mal. É ela que interrompe o movimento da razão, destrói sua confiança em si, expulsa-a de sua via própria, ao quebrar em dois o mundo da inteligência, ao instaurar a ruptura entre o animal que tateia e o pequeno cavalheiro instruído, entre o senso-comum e a ciência. A partir do momento em que se pronuncia essa palavra de ordem da dualidade, todo aperfeiçoamento na maneira de *fazer compreender* – essa grande preocupação dos metodistas e dos progressistas – se torna um progresso no embrutecimento. A criança que balbucia sob a ameaça das pancadas obedece à férula, eis tudo: ela aplicará sua inteligência em outra coisa. Aquele, contudo, que foi *explicado* investirá sua inteligência em um trabalho do luto: compreender significa, para ele, compreender que nada compreenderá, a menos que lhe expliquem. Não é mais à férula que ele se submete, mas à hierarquia do mundo das inteligências. Quanto ao resto, ele permanece tão tranquilo quanto o outro: se a solução do problema é muito difícil de buscar, ele terá a inteligência de arregalar os olhos. O mestre é vigilante e paciente. Ele notará quando a criança já não estiver entendendo, e a recolocará no bom caminho, por meio de uma reexplicação. Assim, a criança adquire uma nova inteligência – a das explicações do mestre. Mais tarde, ela poderá, por sua vez, converter-se em um explicador. Ela possui os meios. Ela, no entanto, os aperfeiçoará: ela será um homem do progresso.

O acaso e a vontade

É assim que corre o mundo dos explicadores *explicados*. E como correria, também, para o professor Jacotot, se o acaso não o houvesse colocado em presença de um *fato* – e Joseph Jacotot pensava que todo raciocínio deve partir dos fatos e ceder diante deles. Porém, não concluamos, com isso, que se tratava de um materialista. Ao contrário: como Descartes, que provava o movimento ao andar, mas também como seu contemporâneo, o muito realista e religioso Maine de Biran, ele tinha os *fatos* do espírito que age e que toma consciência de sua atividade como mais seguros do que qualquer *coisa* material. E era bem disso que se tratava: *o fato era* que alguns estudantes *se ensinaram* a falar e a escrever em francês, sem o socorro de suas explicações. Ele nada lhes havia transmitido de sua ciência, nada explicado quanto aos radicais e as flexões da língua francesa. Ele nem mesmo havia procedido à maneira desses pedagogos reformadores que, como o preceptor do *Emílio*, perdem seus alunos, para melhor guiá-los

Uma aventura intelectual

e balizam astuciosamente todo um percurso com obstáculos que precisam superar sozinhos. Ele os havia deixado sós com o texto de Fénelon, uma tradução – nem mesmo interlinear, como era uso nas escolas – e a vontade de aprender o francês. Ele somente lhes havia dado a ordem de atravessar uma floresta cuja saída ignorava. A necessidade o havia constrangido a deixar inteiramente de fora sua inteligência, essa inteligência mediadora do mestre que une a inteligência impressa nas palavras escritas àquela do aprendiz. E, ao mesmo tempo, ele havia suprimido essa distância imaginária, que é o princípio do embrutecimento pedagógico. Tudo se deu, a rigor, entre a inteligência de Fénelon, que havia *querido* fazer um certo uso da língua francesa, a do tradutor, que havia *querido* fornecer o equivalente em holandês, e a inteligência dos aprendizes, que *queriam* aprender a língua francesa. E ficou evidente que nenhuma outra inteligência era necessária. Sem perceber, ele os havia feito descobrir o que ele próprio com eles descobria: todas as frases e, por conseguinte, todas as inteligências que as produzem são de mesma natureza. Compreender não é mais do que traduzir, isto é, fornecer o equivalente de um texto, mas não sua razão. Nada há atrás da página escrita, nenhum fundo duplo que necessite do trabalho de uma inteligência *outra*, a do explicador; nenhuma língua do mestre, nenhuma língua da língua cujas palavras e frases tenham o poder de dizer a razão das palavras e frases de um texto. E disso os estudantes flamengos haviam fornecido a prova: para falar do *Telêmaco,* eles não tinham à sua disposição senão as palavras do *Telêmaco.* Bastam, portanto, as frases de Fénelon para compreender as frases de Fénelon e para dizer o que delas se compreendeu. Aprender e compreender são duas maneiras de exprimir o mesmo ato de tradução. Nada há aquém dos textos, a não ser a vontade de se expressar, isto é, de traduzir. Se eles haviam compreendido a língua ao aprender Fénelon, não era simplesmente pela ginástica que compara uma página à esquerda com uma página à direita. Não é a aptidão de mudar de coluna que conta, mas a capacidade de dizer o que se pensa nas palavras de outrem. Se eles haviam aprendido isso com Fénelon, é porque o ato de Fénelon escritor era, ele próprio, um ato de *tradutor*: para traduzir uma lição de política em um relato legendário, Fénelon havia transposto, em francês do seu século, o grego de Homero, o latim de Virgílio e a língua, culta ou primitiva, de cem outros textos, do conto infantil à história erudita. Ele havia aplicado a essa dupla tradução a mesma inteligência que eles empregavam, por sua vez, para relatar com frases de seu livro o que pensavam desse livro.

Mas a inteligência que os fizera aprender o francês em *Telêmaco* era a mesma que os havia feito aprender a língua materna: observando e retendo, repetindo e verificando, associando o que buscavam aprender àquilo que já conheciam, fazendo e refletindo sobre o que haviam feito. Eles haviam procedido como não se deve proceder, como fazem as crianças, por *adivinhação*. E a questão, assim, se impunha: não seria necessário inverter a ordem admitida dos valores intelectuais? Não seria esse método maldito, da adivinhação, o verdadeiro movimento da inteligência humana que toma posse de seu *próprio* poder? E sua proscrição não marcaria, na verdade, a vontade de dividir em dois o mundo da inteligência? Os *metodistas* opõem o método mau, do acaso, ao caminho da razão. Mas eles se dão, antecipadamente, aquilo que querem provar. Eles supõem um pequeno animal que, se chocando com as coisas, explora um mundo que ainda não é capaz de ver,

Uma aventura intelectual

mas que essas coisas, precisamente, lhe ensinarão a discernir. Mas o filhote de homem é, antes de qualquer outra coisa, um ser de palavra. A criança que repete as palavras aprendidas e o estudante flamengo "perdido" em seu *Telêmaco* não se guiam pelo acaso. Todo o seu esforço, toda a sua exploração é tencionada pelo seguinte: uma palavra humana lhes foi dirigida, a qual querem reconhecer e à qual querem responder – não na qualidade de alunos, ou de sábios, mas na condição de homens; como se responde a alguém que vos fala, e não a quem vos examina: sob o signo da igualdade.

O fato estava lá: eles haviam aprendido sozinhos e sem mestre explicador. Ora, o que se dá uma vez é sempre possível. De resto, essa descoberta deveria ser responsável por uma reviravolta nos princípios do *professor* Jacotot. Mas o homem Jacotot estava mais preparado para reconhecer a variedade daquilo que se pode esperar de um homem. Seu pai havia sido açougueiro, antes de cuidar das contas de seu avô, o carpinteiro que havia enviado seu neto ao colégio. Ele próprio era professor de retórica, quando escutou ecoar o apelo às armas, em 1792. O voto de seus companheiros o havia feito capitão de artilharia e ele se distinguira como um notável artilheiro. Em 1793, na Seção das Pólvoras, esse latinista havia se tornado instrutor de química para a formação acelerada dos operários que seriam enviados para aplicar em todos os cantos do território as descobertas de Fourcroy. Na casa desse mesmo Fourcroy ele havia conhecido Vauquelin, filho de camponês que se dera uma formação em química às escondidas de seu patrão. Na Escola Politécnica, ele tinha visto chegar jovens que comissões improvisadas haviam selecionado, com base no duplo critério de vivacidade de espírito e de patriotismo. E ele os havia visto tornarem-se muito bons matemáticos, menos pela matemática que Monge ou Lagrange lhes explicava, do que por aquela que praticavam diante deles. Ele próprio havia, aparentemente, aproveitado suas funções administrativas para construir uma competência de matemático que, mais tarde, exerceria na Universidade de Dijon. Assim como havia acrescentado o hebraico às línguas antigas que ensinava e composto um *Ensaio sobre a gramática hebraica*. Ele pensava – só Deus sabe a razão – que essa língua tinha futuro. Enfim, ele havia construído para si, a contragosto, mas com o maior rigor, uma competência de representante do povo. Em suma, ele sabia que a vontade dos indivíduos e o perigo da Pátria poderiam fazer nascer capacidades inéditas em circunstâncias em que a urgência obrigava a queimar as etapas da progressão explicativa. Ele pensava que este estado de exceção, comandado pelas necessidades da Nação, em nada diferia, em seu princípio, da urgência que rege a exploração do mundo pela criança, ou dessa outra exigência que rege a via singular dos sábios e dos inventores. Por meio da experiência da criança, do sábio e do revolucionário, o método do *acaso* praticado com sucesso pelos estudantes flamengos revelava seu segundo segredo. Esse método da *igualdade* era, antes de mais nada, um método da *vontade*. Podia-se aprender sozinho, e sem mestre explicador, quando se queria, pela tensão de seu próprio desejo ou pelas contingências da situação.

O mestre emancipador

Essas contingências haviam tomado, na circunstância, a forma de recomendação feita por Jacotot. Disso advinha uma consequência capital, não mais para os alunos,

Uma aventura intelectual

mas para o Mestre. Eles haviam aprendido sem mestre explicador, mas não sem mestre. Antes, não sabiam e, agora, sim. Logo, Jacotot havia lhes ensinado algo. No entanto, ele nada lhes havia comunicado de sua ciência. Não era, portanto, a ciência do Mestre que os alunos aprendiam. Ele havia sido mestre por força da ordem que mergulhara os alunos no círculo de onde eles podiam sair sozinhos, quando retirava sua inteligência para deixar as deles entregues àquela do livro. Assim se haviam dissociado as duas funções que a prática do mestre explicador vai religar, a do sábio e a do mestre. Assim se haviam igualmente separado, liberadas uma da outra, as duas faculdades que estão em jogo no ato de aprender: a inteligência e a vontade. Entre o mestre e o aluno se estabelecera uma relação de vontade a vontade: relação de dominação do mestre, que tivera por consequência uma relação inteiramente livre da inteligência do aluno com aquela do livro – inteligência do livro que era, também, a coisa comum, o laço intelectual igualitário entre o mestre e o aluno. Esse dispositivo permitia destrinchar as categorias misturadas do ato pedagógico e definir exatamente o embrutecimento explicador. Há embrutecimento quando uma inteligência é subordinada a outra inteligência. O homem – e a criança, em particular – pode ter necessidade de um mestre, quando sua vontade não é suficientemente forte para colocá-la e mantê-la em seu caminho. Mas a sujeição é puramente de vontade a vontade. Ela se torna embrutecedora quando liga uma inteligência a uma outra inteligência. No ato de ensinar e de aprender, há duas vontades e duas inteligências. Chamar-se-á embrutecimento à sua coincidência. Na situação experimental criada por Jacotot, o aluno estava ligado a uma vontade, a de Jacotot, e a uma inteligência, a do

COLEÇÃO "EDUCAÇÃO: EXPERIÊNCIA E SENTIDO"

livro, inteiramente distintas. Chamar-se-á emancipação à diferença conhecida e mantida entre as duas relações, o ato de uma inteligência que não obedece senão a ela mesma, ainda que a vontade obedeça a uma outra vontade.

Essa experiência pedagógica abria, assim, uma ruptura com a lógica de todas as pedagogias. A prática dos pedagogos se apoia na oposição da ciência e da ignorância. Eles se distinguem pelos meios escolhidos para tornar sábio o ignorante: métodos duros ou suaves, tradicionais ou modernos, passivos ou ativos, mas cujo rendimento se pode comparar. Desse ponto de vista, poder-se-ia, numa primeira aproximação, comparar a rapidez dos alunos de Jacotot com a lentidão dos métodos tradicionais. Mas, na verdade, nada havia aí a comparar. O confronto dos métodos supõe um acordo mínimo, no que se refere aos fins do ato pedagógico: transmitir os conhecimentos do mestre ao aluno. Ora, Jacotot nada havia transmitido. O método era, puramente, o do aluno. E aprender mais ou menos rapidamente o francês é, em si mesmo, uma coisa de pouca consequência. A comparação não mais se estabelecia entre métodos, mas entre dois usos da inteligência e entre duas concepções da ordem intelectual. A *via rápida* não era a melhor pedagogia. Ela era uma outra via, a da liberdade, via que Jacotot havia experimentado nos exércitos no ano II, na fabricação das pólvoras ou na instalação da Escola Politécnica: a via da liberdade respondendo à urgência do perigo, mas, também, à confiança na capacidade intelectual de cada ser humano. Por detrás da relação pedagógica estabelecida entre a ignorância e a ciência, seria preciso reconhecer a relação filosófica, muito mais fundamental, entre o embrutecimento e a emancipação. Havia, assim, não dois, mas quatro termos em jogo. O ato de aprender podia ser reproduzido segundo quatro determinações diversamente combinadas: por um mestre emancipador ou por um mestre embrutecedor; por um mestre sábio ou por um mestre ignorante.

A última proposição era a mais dura de suportar. Passa, ainda, a ideia de que um sábio deve se dispensar de toda a explicação sobre sua ciência. Mas como admitir que um ignorante possa ser causa de ciência para um outro ignorante? A própria experiência de Jacotot era ambígua, no que se refere à sua condição de professor de francês. Mas já que ela havia, ao menos, mostrado que não era o saber do mestre que ensinava ao aluno, nada o impedia de ensinar outra coisa além de seu próprio saber: ensinar o que ignorava. Joseph Jacotot dedicou-se, então, a variar as experiências, a repetir, de propósito, o que o acaso havia uma vez produzido. Ele se pôs, assim, a ensinar duas matérias em que sua incompetência era patente, a pintura e o piano. Os estudantes de Direito queriam, ainda, que lhe fosse atribuída uma cátedra que estava livre em sua faculdade. Mas a Universidade de Louvain já se inquietava demais em relação a esse leitor extravagante por quem os alunos desertavam dos cursos magistrais, para espremer-se, à noite, em uma sala muito pequena e apenas iluminada por duas velas e ouvi-lo dizer: "É preciso que eu lhes ensine que nada tenho a ensinar-lhes."[2] De modo que a autoridade consultada respondeu não reconhecer nele títulos que o habilitassem para tal ensino. Mas, à época, ele se ocupava precisamente de experimentar a distância entre o título e o ato. Ao invés, pois, de fazer em francês um curso de direito, ele ensinou

---

[2] *Sommaire des leçons publiques de M. Jacotot sur les principes de l'enseignement universel*, publicado por J. S. Van de Weyer, Bruxelas, 1822, p. 11.

os estudantes a pleitear em holandês. Eles o fizeram muito bem, mas ele continuava a ignorar o holandês.

O círculo da potência

A experiência pareceu suficiente a Jacotot para esclarecê-lo: pode-se *ensinar o que se ignora*, desde que se emancipe o aluno; isso é, que se force o aluno a usar sua própria inteligência. Mestre é aquele que encerra uma inteligência em um círculo arbitrário do qual não poderá sair se não se tornar útil a si mesma. Para emancipar um ignorante, é preciso e suficiente que sejamos, nós mesmos, emancipados; isso é, conscientes do verdadeiro poder do espírito humano. O ignorante aprenderá sozinho o que o mestre ignora, se o mestre acredita que ele o pode, e o obriga a atualizar sua capacidade: círculo da *potência* homólogo a esse círculo da impotência que ligava o aluno ao explicador do velho método (que denominaremos, a partir daqui, simplesmente de *o Velho*). Mas a relação de forças é bem particular. O círculo da impotência está sempre dado, ele é a própria marcha do mundo social, que se dissimula na evidente diferença entre a ignorância e a ciência. O círculo da potência, quanto a ele, só vigora em virtude de sua publicidade. Mas não pode aparecer senão como uma tautologia, ou um absurdo. Como poderá o mestre sábio aceitar que é capaz de ensinar tão bem aquilo que ignora quanto o que sabe? Ele só poderá tomar essa argumentação da potência intelectual como uma desvalorização de sua ciência. E o ignorante, por sua vez, não se acredita capaz de aprender por si mesmo – menos, ainda, de instruir um outro ignorante. Os excluídos do mundo da inteligência subscrevem, eles próprios, o veredicto de

Uma aventura intelectual

sua exclusão. Em suma, o círculo da emancipação deve ser *começado*.

Aí está o paradoxo. Pois, refletindo bem, o "método" que ele propõe é o mais velho de todos e não para de ser ratificado, todos os dias, em todas as circunstâncias em que o indivíduo tem necessidade de se apropriar de um conhecimento que não tem como fazer que lhe seja explicado. Não há homem sobre a Terra que não tenha aprendido alguma coisa por si mesmo e sem mestre explicador. Chamemos a essa maneira de aprender "Ensino Universal" e poderemos afirmar: "o Ensino Universal existe, de fato, desde o começo do mundo ao lado de todos os métodos explicadores. Esse ensino, por si só, formou, de fato, todos os grandes homens." Mas, eis o que é estranho: "Todo homem faz essa experiência mil vezes em sua vida, e, no entanto, jamais ocorreu a alguém dizer ao outro: aprendi muitas coisas sem explicações e creio que, como eu, também o podeis [...] nem eu nem quem quer que seja havia pensado em empregar esse método para instruir os outros."[3] Bastaria dizer à inteligência que dormita em cada um: *Age quod agis,* continua a fazer o que fazes, "aprende o fato, imita-o, conhece-te a ti mesmo, é a marcha da natureza."[4] Repete metodicamente o método do acaso que te deu a medida de teu poder. A mesma inteligência está em ação em todos os atos do espírito humano.

Este é, no entanto, o salto mais difícil. Quando necessário, todos praticam esse método, mas ninguém está

---

[3] *Enseignement universel. Langue maternelle,* 6e ed., Paris, 1836, p. 448 e *Journal de l'émancipation intellectuelle,* t. III, p. 121.

[4] *Enseignement universel. Langue étrangère,* 2e ed., Paris, 1829, p. 219.

Coleção "Educação: Experiência e Sentido"

pronto a reconhecê-lo, ninguém quer enfrentar a revolução intelectual que ele implica. O círculo social, a ordem das coisas, proíbe que ele seja reconhecido pelo que é: o verdadeiro método pelo qual cada um aprende e pelo qual cada um descobre a medida de sua capacidade. É preciso ousar reconhecê-lo e prosseguir a verificação *aberta* de seu poder. Sem o que, o método da impotência, *o Velho*, durará tanto quanto a ordem das coisas.

Quem gostaria de começar? Havia, à época, muitos tipos de homens de boa vontade que se preocupavam com a instrução do povo: homens da ordem queriam levar o povo a se colocar acima de seus apetites brutais; homens de revolução queriam conduzi-lo à consciência de seus direitos; homens de progresso desejavam, pela instrução, atenuar o abismo entre as classes; homens de indústria sonhavam, por seu intermédio, conceder às melhores inteligências populares os meios de uma promoção social. Todas estas boas intenções encontravam um obstáculo: os homens do povo têm pouco tempo e, menos ainda, dinheiro para investir nessa aquisição. Assim, procurava-se um meio econômico de difundir o mínimo de instrução julgada necessária e suficiente para, conforme o caso, realizar o aprimoramento das populações laboriosas. Entre os progressistas e os industriais, um método desfrutava, então, de grande reputação: o Ensino Mútuo. Ele permitia reunir em um vasto local um grande número de alunos, divididos em destacamentos, dirigidos pelos mais avançados entre eles, que eram promovidos à função de monitores. Desse modo, o mandamento e a lição do mestre irradiavam-se por intermédio desses monitores sobre toda a população a ser instruída. A perspectiva agradava aos amigos do progresso: é assim que a ciência se difunde, dos píncaros até

Uma aventura intelectual

as mais modestas inteligências. A felicidade e a liberdade a acompanham.

Essa espécie de progresso, para Jacotot, cheirava a rédeas. Um carrossel aperfeiçoado, dizia ele. Ele sonhava com outra coisa, a título de ensino mútuo: que cada ignorante pudesse se fazer, para outro ignorante, um mestre que revelaria a ele seu poder intelectual. Mais exatamente, seu problema não era a instrução do povo: *instruem-se* os recrutas que se engajam sob sua bandeira, os subalternos que devem poder compreender as ordens, o povo que se quer governar – à maneira progressiva, isto é, sem direito divino e somente segundo a hierarquia das *capacidades*. O problema era a *emancipação*: que todo homem do povo pudesse conceber sua dignidade de homem, medir a dimensão de sua capacidade intelectual e decidir quanto a seu uso. Os amigos da instrução asseguravam que era essa a condição de uma verdadeira liberdade. Em seguida, reconheciam dever ao povo essa instrução, e estavam prontos a brigar entre si para fixar aquela que lhe deveria ser concedida. Jacotot não via que liberdade podia resultar, para o povo, dos deveres de seus instrutores. Ele pressentia, ao contrário, que estava em jogo uma nova forma de embrutecimento. Quem ensina sem emancipar, embrutece. E quem emancipa não tem que se preocupar com aquilo que o emancipado deve aprender. Ele aprenderá o que quiser, nada, talvez. Ele saberá que pode aprender *porque* a mesma inteligência está em ação em todas as produções humanas, que um homem sempre pode compreender a palavra de um outro homem. O impressor de Jacotot tinha um filho que era débil mental. Todos se preocupavam por não poder fazer nada a respeito. Jacotot lhe ensinou o hebraico, e a criança tornou-se um excelente litógrafo. A língua, é evidente, jamais lhe serviu para nada – a não ser para saber o que as inteligências mais bem dotadas e mais instruídas ainda ignoravam, e *não se tratava do hebraico.*

As coisas estavam, portanto, muito claras: não se tratava aí de um método para instruir o povo, mas da *graça* a ser anunciada aos pobres: eles podiam tudo o que pode um homem. Bastava anunciar. Jacotot decidiu consagrar-se a isso. Ele proclamou que se pode ensinar o que se ignora e que um pai de família pobre e ignorante é capaz, se emancipado, de fazer a educação de seus filhos sem recorrer a qualquer explicador. E indicou o meio de se realizar esse *Ensino Universal*: *aprender qualquer coisa e a isso relacionar todo o resto, segundo o princípio de que todos os homens têm igual inteligência.*

Houve comoção em Louvain, em Bruxelas e em Haia; tomou-se carruagem em Paris e Lion; da Inglaterra e da Prússia se veio escutar a boa nova, que, depois, foi levada a São Petersburgo e a Nova Orleans. A novidade chegou até o Rio de Janeiro. Durante alguns anos, a polêmica instalou-se e a República do saber tremeu em suas bases.

E tudo isso porque um homem de espírito, um sábio renomado e um pai de família virtuoso havia enlouquecido, por não saber o holandês.

CAPÍTULO SEGUNDO

A lição do ignorante

Desembarquemos, pois, juntamente com Telêmaco, na Ilha de Calipso. Penetremos com um desses visitantes no antro do louco: na instituição de Mademoiselle Marcellis, em Louvain; em casa de Monsieur Deschuyfeleere, um curtumeiro de quem ele fez um latinista; na Escola Normal Militar de Louvain, onde o príncipe filósofo Frederick d'Orange encarregou o fundador do Ensino Universal de instruir os futuros instrutores militares: "Imaginai recrutas sentados nos bancos escolares e sussurrando, todos ao mesmo tempo: *Calipso, Calipso não* etc. etc.; dois meses depois, eles sabiam ler, escrever e contar [...] Durante essa educação primária, nós aprendíamos, um, o inglês, outro, o alemão, esse, fortificação, aquele, química etc. etc.

— Mas o Fundador sabe tudo isso?

— Nem um pouco, mas nós lhe explicávamos e eu vos asseguro que ele aproveitou lindamente a escola normal.

— Estou confuso: então, todos vós sabíeis química?

— Não, mas nós aprendíamos e lhe ensinávamos. Eis o Ensino Universal. É o discípulo que faz o mestre."[5]

---

[5] *Enseignement universel. Mathématiques*, 2e ed., Paris, 1829, p. 50-51.

Há uma ordem na loucura, como em toda coisa. Comecemos pelo começo: Telêmaco. *Tudo está em tudo,* diz o louco. E a malícia pública acrescenta: *e tudo está no* Telêmaco. Pois *Telêmaco* é, aparentemente, o livro que serve para tudo. O aluno quer aprender a ler? Quer aprender o inglês, ou o alemão, a arte de pleitear, ou a de combater? O louco colocará, imperturbável, um *Telêmaco* em suas mãos e o aluno começará a repetir *Calipso, Calipso não, Calipso não podia,* e assim em diante, até que ele saiba o número prescrito de livros do *Telêmaco* e que possa relatar os outros. De tudo que ele aprende – a forma das letras, o lugar ou as terminações das palavras, as imagens, os raciocínios, os sentimentos dos personagens, as lições de moral – lhe será pedido que fale, que diga o que ele vê, o que pensa disso, o que faz com isso. Somente uma condição será imperativa: de tudo o que disser deverá demonstrar a materialidade no livro. Ser-lhe-á solicitado que faça composições e improvisações nas mesmas condições: ele deverá empregar as palavras e as maneiras do livro para construir suas frases; deverá mostrar, no livro, os fatos relacionados com seus raciocínios. Em suma, de tudo o que dirá, o mestre deverá poder verificar a materialidade no livro.

A ilha do livro

O livro. *Telêmaco* ou um outro. O acaso colocou *Telêmaco* à disposição de Jacotot, a comodidade o aconselhou a guardá-lo. *Telêmaco* está traduzido em muitas línguas e facilmente disponível nas livrarias. Não é uma obra-prima da língua francesa. Mas seu estilo é puro, o vocabulário variado, a moral severa. Aprende-se aí mitologia e geografia. Escuta-se aí, através da "tradução" francesa, o latim de

A lição do ignorante

Virgílio e o grego de Homero. Trata-se, enfim, de um livro clássico, um desses em que uma língua apresenta o essencial de suas formas e de seus poderes. Um livro que é um *todo*; um centro ao qual se pode associar tudo o que se aprender de novo; um círculo no interior do qual é possível *compreender* cada uma dessas novas coisas, encontrar os meios de dizer o que se vê, o que se pensa disso, o que se faz com isso. Este é o primeiro princípio do Ensino Universal: é preciso aprender qualquer coisa e a isso relacionar todo o resto. Para começar, é preciso aprender *qualquer coisa*. O Palice diria a mesma coisa? O Palice, talvez, mas *o Velho*, quanto a ele, diz: é preciso aprender *tal coisa*, e depois tal outra e ainda uma outra tal. Seleção, progressão, incompletude, esses são os princípios. Aprendem-se algumas regras e alguns elementos, que são aplicados a alguns trechos escolhidos de leitura, alguns exercícios correspondendo aos rudimentos adquiridos. Em seguida, passa-se a um nível superior: outros rudimentos, outro livro, outros exercícios, outro professor... A cada etapa, cava-se o abismo da ignorância que o professor tapa, antes de cavar um outro. Fragmentos se acrescentam, peças isoladas de um saber do explicador que levam o aluno a reboque de um mestre que ele jamais atingirá. O livro nunca está inteiro, a lição jamais acabada. O mestre sempre guarda na manga um saber, isto é, uma ignorância do aluno. *Entendi isso*, diz o aluno, satisfeito. – *Isso é o que você pensa*, corrige o mestre. *Na verdade, há uma dificuldade de que, até aqui, eu o poupei. Ela será explicada quando chegarmos à lição correspondente. – O que quer dizer isso?* pergunta o aluno, curioso. – *Eu poderia lhe explicar*, responde o mestre, *mas seria prematuro: você não entenderia. Isso lhe será explicado no ano que vem.* Há sempre uma distância a separar o mestre do aluno, que, para ir mais além, sempre ressentirá a necessidade de um outro mestre, de explicações suplementares. Assim, Aquiles triunfante passeia, em torno de Troia, com o cadáver de Heitor amarrado à sua carruagem. A progressão racional do saber é uma mutilação indefinidamente reproduzida. "Todo homem que é ensinado não é senão uma metade de homem."[6]

Não nos perguntemos se o pequeno cavalheiro instruído sofre dessa mutilação. A virtude do sistema é transformar a perda em proveito. O pequeno cavalheiro *avança*. Foi-lhe ensinado algo, logo, ele aprendeu, logo, ele pode esquecer. Atrás de si escava-se, novamente, o abismo da ignorância. Eis, no entanto, a maravilha da coisa: essa ignorância, a partir daí, é a dos outros. O que ele esqueceu, ele ultrapassou. Ele não está mais em situação de soletrar e a gaguejar como as inteligências grosseiras e os pequeninos da turma infantil. Não há papagaios em sua escola. Não se sobrecarrega a memória, forma-se a inteligência. *Eu compreendi*, diz a criança, *não sou um papagaio*. Mais ela esquece, mais lhe parece evidente que compreendeu. Mais ela se torna inteligente, mais pode contemplar do alto aqueles que deixou para trás, os que permanecem na antecâmara do saber, diante do livro mudo, aqueles que repetem, por não serem suficientemente inteligentes para *compreender*. Eis a virtude dos explicadores: o ser que inferiorizaram, eles o amarram pelo mais sólido dos laços ao país do embrutecimento: a consciência de sua superioridade.

Essa consciência, de resto, não mata os bons sentimentos. O pequeno cavalheiro instruído se comoverá, talvez, com a ignorância do povo e pretenderá trabalhar

---

[6] *Lettre du fondateur de l' enseignement universel au général Lafayette*, Louvain, 1829, p. 6.

A lição do ignorante

para sua instrução. Saberá que a coisa é difícil, diante de cérebros que a rotina endureceu, ou que a falta de método perdeu. Mas, se ele é devotado, ele saberá que há um tipo de explicações adaptado para cada categoria, na hierarquia das inteligências: ele buscará se colocar *a seu nível*.

Passemos, agora, uma outra história. O louco – o Fundador, como o chamam seus sectários – entra em cena com seu *Telêmaco*, um livro, uma *coisa*. – *Toma e lê*, diz ele ao pobre. – *Eu não sei ler*, responde o pobre. Como compreenderia eu o que está escrito no livro? – Da forma como compreendeste todas as coisas, até aqui: comparando dois fatos. Vou te relatar um fato, a primeira frase do livro: *Calipso, Calipso não...* Eis, agora, um segundo fato: as palavras estão escritas aí. Não reconheces nada? A primeira palavra que te disse era Calipso, não será também a primeira palavra na folha? Olha bem, até que estejas certo de reconhecê-la em meio a uma multidão de outras palavras. Para tanto, será preciso que me digas tudo o que vês. Há aí signos que a mão traçou sobre o papel, cujos chumbos a mão reuniu na gráfica. Conta-me essa palavra. Faze-me "o relato das aventuras, isto é, das idas e vindas, dos desvios, em uma palavra, dos trajetos da pena que escreveu essa palavra sobre o papel ou do buril que a gravou sobre o cobre".[7] Saberias tu reconhecer aí a letra O que um de meus alunos – serralheiro de profissão – denomina *a redonda*, a letra L que ele chama de o *esquadro?* Conta-me a forma de cada letra como descreverias as formas de um objeto ou lugar desconhecido. Não digas que não podes. Tu sabes ver, tu sabes falar, tu sabes mostrar, tu podes te lembrar. O que mais é preciso? Uma atenção absoluta, para ver e rever, dizer e redizer. Não

---

[7] *Journal de l'émancipation intellectuelle*, t. III, 1835-1836, p. 15.

procures me enganar e te enganar. Foi bem isso que viste? *O que pensas disso*? Não és um ser pensante? Ou acreditas ser apenas corpo? "O fundador Sganarelle mudou tudo isso [...] tens uma alma, como eu."[8]

Falar-se-á, em seguida, do que fala o livro: o que pensas de Calipso, da dor, de uma deusa, de uma primavera eterna? – Mostra-me o que te faz dizer o que dizes.

O livro é uma fuga bloqueada: não se sabe que caminho traçará o aluno, mas sabe-se de onde ele não sairá – do exercício de sua liberdade. Sabe-se, ainda, que o mestre não terá o direito de se manter longe, mas à sua porta. O aluno deve ver tudo por ele mesmo, comparar incessantemente e sempre responder à tríplice questão: o que vês? o que pensas disso? o que fazes com isso? E, assim, até o infinito.

Mas esse infinito não é mais um segredo do mestre, é a marcha do aluno. O livro, quanto a ele, está pronto e acabado. É um todo que o aluno tem em mãos, que ele pode percorrer inteiramente com um olhar. Não há nada que o mestre lhe subtraia, e nada que ele possa subtrair ao olhar do mestre. O círculo abole a trapaça. E, antes de mais nada, essa grande trapaça, que é a incapacidade: *eu não posso, eu não compreendo...* Não há nada a compreender. Tudo está no livro. Basta relatar – a forma de cada signo, as aventuras de cada frase, a lição de cada livro. É preciso começar a falar. Não digas que não podes. Tu sabes dizer *eu não posso*. Diga, em seu lugar, *Calipso não podia...* E terás começado. Terás começado por um caminho que já conhecias e que deverás, daqui por diante, seguir sem dele te afastares. Não digas: *eu não posso dizer*. Ou, então, aprende a dizê-lo à maneira de *Calipso*, ou de *Telêmaco*, de Narval

---

[8] *Journal de l'émancipation intellectuelle*, t. III, 1835-1836, p. 380.

ou de Idomeneia. O outro círculo já foi começado, o da potência. Não cessarás de encontrar maneiras de dizer *eu não posso* e, cedo, poderás dizer tudo.

Viagem em um círculo. Compreende-se que as aventuras do filho de Ulisses sejam, para isso, o manual, e Calipso, a primeira palavra. Calipso, *a escondida*. É preciso, justamente, descobrir que nada há de escondido, não há palavras por trás das palavras, língua que diga a verdade da língua. Aprendem-se signos e, ainda, signos; frases e, ainda, frases. Repetem-se: frases *prontas*. Decoram-se: livros inteiros. E o Velho indigna-se: eis o que significa, para vós, *aprender qualquer coisa*. Primeiramente, vossas crianças repetem como papagaios. Elas cultivam uma só faculdade, a memória, enquanto nós exercemos a inteligência, o gosto e a imaginação. Vossas crianças *decoram*. Este é vosso primeiro erro. E eis o segundo: vossas crianças *não aprendem* de cor. Dizeis que elas o fazem, mas é impossível. Os cérebros humanos são incapazes de tal esforço de memória.

Argumento viciado. Discurso de um círculo a um outro círculo. O Velho diz que a memória infantil é incapaz de tais esforços, porque a impotência em geral é uma palavra de ordem. Ele diz que a memória não é a mesma coisa que a inteligência ou a imaginação, porque usa a arma comum àqueles que pretendem reinar sobre a ignorância: a divisão. Ele crê que a memória é fraca, porque não crê no poder da inteligência humana. Ele a crê inferior, porque crê em inferiores e superiores. Em suma, seu duplo argumento é, mais ou menos, o seguinte: há seres inferiores e superiores; os inferiores não podem o que podem os superiores.

É só o que o Velho conhece. Ele tem necessidade do desigual, mas não desse desigual estabelecido pelo decreto do príncipe, senão do desigual por si só, que está em todas as mentes e em todas as frases. Para tanto, dispõe de uma arma branca, a diferença: *isso não é aquilo, tal coisa é completamente diferente de tal outra, não se pode comparar...*, a memória não é inteligência; repetir não é saber; comparação não é razão; há o fundo e a forma... Qualquer farinha pode ser moída no moinho da distinção. O argumento pode, assim, se modernizar, tender ao científico e ao humanitário: há etapas no desenvolvimento da inteligência; uma inteligência infantil não é a inteligência de um adulto; é preciso não sobrecarregar a inteligência da criança, senão pode-se comprometer sua saúde e colocar em risco o desenvolvimento de suas faculdades... Tudo o que o Velho pede é que se lhe concedam suas negações e diferenças: isso não é, isso é diferente, isso é mais, isso é menos. Eis o que é amplamente suficiente para erigir todos os tronos da hierarquia das inteligências.

Calipso e o serralheiro

Deixemos falar o Velho. Examinemos os fatos. Há uma vontade que rege e uma inteligência que obedece. Chamemos de *atenção* o ato que faz agir essa inteligência sob a coerção absoluta de uma vontade. Esse ato não é diferente, quer se trate da forma de uma letra a ser reconhecida, de uma frase a ser memorizada, de uma relação a estabelecer entre dois seres matemáticos, dos elementos de um discurso a ser composto. Não há uma faculdade que registra, uma outra que compreende, uma outra que julga... O serralheiro que denomina o O de redonda e o L de esquadro já pensa por meio de relações. E *inventar* é da mesma ordem *que recordar*. Deixemos que os explicadores "formem" o "gosto" e a "imaginação" dos pequenos

A lição do ignorante

cavalheiros, deixemos que dissertem sobre o "gênio" dos criadores. Nós nos contentaremos em *fazer* como esses criadores: como Racine, que aprendeu de cor, traduziu, repetiu e imitou Eurípides, Bossuet que fez o mesmo com Tertuliano, Rousseau com Amyot, Boileau com Horácio e Juvenal; como Demóstenes, que copiou oito vezes Tucídides, Hooft, que leu cinquenta e duas vezes Tácito, Sêneca, que recomenda a leitura sempre renovada de um mesmo livro, Haydn, que repetiu indefinidamente seis sonatas de Bach, Miguelangelo, sempre ocupado em refazer o mesmo torso[9]... A potência não se divide. Não há senão um poder, o de ver e de dizer, de prestar atenção ao que se vê e ao que se diz. Aprendem-se frases e, ainda, frases; descobrem-se fatos, isto é, relações entre coisas e, ainda, outras relações, que são de mesma natureza; aprende-se a combinar letras, palavras, frases, ideias... Não se dirá que adquirimos a ciência, que conhecemos a verdade, ou que nos tornamos gênios. Saberemos, contudo, que, na ordem intelectual, podemos tudo o que pode um homem.

Eis o que quer dizer *Tudo está em tudo*: a tautologia é a potência. Toda a potência da língua está no todo de um livro. Todo conhecimento de si como inteligência está no domínio de um livro, de um capítulo, de uma frase, de uma palavra. *Tudo está em tudo e tudo está em Telêmaco*, arrebentam-se de rir os provocadores, pegando os discípulos de surpresa: tudo está, também, no primeiro livro de *Telêmaco*? E em sua primeira palavra? As matemáticas estão no *Telêmaco*? E na primeira palavra de *Telêmaco*? E o discípulo sente o solo desaparecer sob seus pés e chama o mestre em seu socorro: o que se deve responder?

---

[9] Gonod, *Nouvelle exposition de la méthode de Joseph Jacotot*, Paris, 1830, p. 12-13.

47

COLEÇÃO "EDUCAÇÃO: EXPERIÊNCIA E SENTIDO"

"Era preciso dizer que vós acreditais que todas as obras humanas estão na palavra *Calipso*, porque essa palavra é uma obra da inteligência humana. Aquele que fez a adição de frações é o mesmo ser intelectual que o que fez a palavra *Calipso*. Este artista sabia o grego; escolheu uma palavra que significa *ardilosa, escondida*. Este artista assemelha-se àquele que imaginou os meios de escrever a palavra da qual se trata. Ele se assemelha àquele que fez o papel sobre o qual se escreve, àquele que emprega a pena nessa tarefa, àquele que talha as penas com um canivete, àquele que fez o canivete com o ferro, àquele que forneceu o ferro a seus semelhantes, àquele que fez a tinta, àquele que imprimiu a palavra *Calipso*, àquele que fez a máquina de impressão, àquele que explica os efeitos de tal máquina, àquele que generalizou essas explicações, àquele que fez a tinta de impressão, etc. etc. etc... Todas as ciências, todas as artes, a anatomia e a dinâmica etc. etc.. são frutos da mesma inteligência que fez a palavra *Calipso*. Um filósofo, abordando uma terra desconhecida, adivinhou que ela era habitada ao ver uma figura geométrica na areia. "São passos de homem", disse. Seus camaradas acreditaram que estava louco, porque as linhas que ele lhes mostrava não se pareciam com passos. Os sábios do aperfeiçoado século XIX arregalam os olhos, abestalhados, quando se lhes mostra a palavra *Calipso* e que lhes é dito: "Há aí dedo humano". Eu aposto que o representante da escola normal francesa dirá, olhando a palavra *Calipso*: "Ele pode dizê-lo e repeti-lo, mas isso não tem a forma de um dedo". *Tudo está em tudo*."[10]

---

[10] *Langue maternelle*, p. 464-465.

Eis tudo o que está *em* Calipso: a potência da inteligência, que está presente em toda manifestação humana. A mesma inteligência faz os nomes e os signos matemáticos. A mesma inteligência faz os signos e os raciocínios. Não há dois tipos de espíritos. Há desigualdade nas *manifestações* da inteligência, segundo a energia mais ou menos grande que a vontade comunica à inteligência para descobrir e combinar relações novas, mas não há hierarquia de *capacidade intelectual*. É a tomada de consciência dessa igualdade de *natureza* que se chama emancipação, e que abre o caminho para toda aventura no país do saber. Pois se trata de ousar se aventurar, e não de aprender mais ou menos bem, ou mais ou menos rápido. O "método Jacotot" não é melhor, é diferente. Por isso, os procedimentos colocados em prática importam pouco, neles mesmos. É o *Telêmaco*, mas poderia ser qualquer outro. Começa-se pelo texto, e não pela gramática, pelas palavras inteiras, e não pelas sílabas. Não é que *seja preciso* aprender assim para aprender melhor, e que o método Jacotot seja o ancestral do método global. De fato, vai-se mais rápido começando por *Calipso*, e não por B, A, BA. Mas a rapidez não é senão um efeito da potência adquirida, uma consequência do princípio emancipador. "O antigo método faz começar pelas letras porque dirige os alunos segundo o princípio da desigualdade intelectual e, sobretudo, da inferioridade intelectual das crianças. Acredita que as letras são mais fáceis de distinguir do que as palavras: é um erro, mas, enfim, ele assim o crê. Ele crê que uma inteligência infantil não está apta senão a aprender C, A, CA, e que é preciso uma inteligência adulta, isto é, superior, para aprender Calipso.[11]

---

[11] *Journal de l'émancipation intellectuelle*, t. III, 1835-1836, p. 9.

Em suma, B, A, BA, tal como Calipso, é uma bandeira: *incapacidade* contra *capacidade*. Soletrar é um ato de contrição, antes de ser um meio de aprender. É por isso que se poderia mudar a ordem dos procedimentos sem nada mudar quanto à oposição dos princípios. "Um dia o Velho talvez pensará em fazer ler por palavras e, então, talvez nós fizéssemos nossos alunos soletrarem. No que resultaria essa modificação aparentemente significativa? Nada. Nossos alunos não deixariam de ser emancipados e os do Velho não seriam menos embrutecidos [...] O Velho não embrutece seus alunos ao fazê-los soletrar, mas ao dizer-lhes que não podem soletrar sozinhos; portanto, ele não os emanciparia, ao fazê-los ler palavras inteiras, porque teria todo o cuidado em dizer-lhes que sua jovem inteligência não pode dispensar as explicações que ele retira de seu velho cérebro. Não é, pois, o procedimento, a marcha, a maneira que emancipa ou embrutece, é o princípio. O princípio da desigualdade, o velho princípio, embrutece não importa o que se faça; o princípio da igualdade, o princípio Jacotot, emancipa qualquer que seja o procedimento, o livro, o fato ao qual se aplique."[12]

O problema é revelar uma inteligência a ela mesma. Qualquer *coisa* serve para fazê-lo. É *Telêmaco*; mas pode ser uma oração ou uma canção que a criança ou o ignorante saiba de cor. Há sempre alguma coisa que o ignorante sabe e que pode servir de termo de comparação, ao qual é possível relacionar uma coisa nova a ser conhecida. Disso testemunha o serralheiro que arregala os olhos quando lhe é dito que ele pode ler. Ele não conhece *sequer* as letras. No entanto, se ele colocar os olhos nesse calendário, será que não sabe a ordem dos meses e que não pode, assim,

---

[12] *Journal de l'émancipation intellectuelle*, p. 11.

adivinhar janeiro, fevereiro, março... Ele só sabe contar um pouco. Mas quem o impede de contar bem lentamente, seguindo as linhas para reconhecer escrito aí o que já sabe? Ele sabe que se chama Guillaume e que o dia de seu santo padroeiro é 16 de janeiro. Ele saberá perfeitamente encontrar a palavra. Ele sabe que fevereiro só tem vinte e oito dias. Ele vê claramente uma coluna que é mais curta que as outras e, assim, ele reconhecerá 28. E assim por diante. Há sempre alguma coisa que o mestre pode lhe pedir que descubra, sobre a qual pode interrogá-lo e verificar o trabalho de sua inteligência.

O mestre e Sócrates

Com efeito, são esses os dois atos fundamentais do mestre: ele interroga, provoca uma palavra, isto é, a manifestação de uma inteligência que se ignorava a si própria, ou se descuidava. Ele verifica que o trabalho dessa inteligência se faz com *atenção*, que essa palavra não diz *qualquer coisa* para se subtrair à coerção. Dir-se-á que, para isso, é preciso um mestre muito hábil e muito sábio? Ao contrário, a ciência do mestre sábio torna muito difícil para ele não *arruinar* o método. Conhecendo as respostas, suas perguntas para elas orientam naturalmente o aluno. É o segredo dos *bons* mestres: com suas perguntas, eles guiam discretamente a inteligência do aluno – tão discretamente, que a fazem trabalhar, mas não o suficiente para abandoná-la a si mesma. Há um Sócrates adormecido em cada explicador. E é preciso admitir que o método Jacotot – isso é, o método do aluno – difere radicalmente do método do mestre socrático. Por suas interrogações,

Sócrates leva o escravo de Mênon a reconhecer as verdades matemáticas que nele estão. Há aí, talvez, um caminho para o saber, mas ele não é em nada o da emancipação. Ao contrário. Sócrates deve tomar o escravo pelas mãos para que esse possa reencontrar o que está nele próprio. A demonstração de seu saber é, ao mesmo tempo, a de sua impotência: jamais ele caminhará sozinho e, aliás, ninguém lhe pede que caminhe, senão para ilustrar a lição do mestre. Nela, Sócrates interroga um escravo que está destinado a permanecer como tal.

O socratismo é, assim, uma forma aperfeiçoada do embrutecimento. Como todo mestre sábio, Sócrates interroga para instruir. Ora, quem quer emancipar um homem deve interrogá-lo à maneira dos homens e não à maneira dos sábios, para instruir-se a si próprio e não para instruir um outro. E, isto, somente o fará bem aquele que, de fato, não sabe mais do que seu aluno, que jamais fez a viagem antes dele, o mestre ignorante: este não poupará à criança o tempo que lhe for necessário para dar-se conta da palavra *Calipso*. Mas, alguém poderá perguntar, o que tem ela a ver com Calipso e quando sequer ela ouviria falar disso? Deixemos, então, Calipso de lado. Mas que criança não ouviu falar do *Pai-Nosso*, não sabe de cor a oração? Nesse caso, a coisa está dada e o pai de família pobre e ignorante, que quer ensinar seu filho a ler não estará embaraçado. Ele sempre encontrará em sua vizinhança alguma pessoa atenciosa e suficientemente letrada, capaz de copiar para ele essa oração. Com isso, o pai ou a mãe pode começar a instrução de seu filho, perguntando-lhe onde está o *Pai*. "Se a criança é atenta, ele dirá que a primeira palavra que está no papel deve ser o "Pai", pois é a primeira na frase. "Nosso" será, então, necessariamente, a segunda palavra; a criança poderá comparar, distinguir, conhecer essas duas palavras e reconhecê-las em qualquer parte."[13] Que pai ou mãe não saberia perguntar à criança, às voltas com o texto da oração, o que ele vê, o que com isso pode fazer, ou o que disso pode dizer, ou o que pensa sobre o que disse ou fez? Fazê-lo da mesma forma como interrogaria um vizinho sobre o instrumento que tem em mãos, e sobre o uso que dá ao objeto? Ensinar o que se ignora é simplesmente questionar sobre tudo que se ignora. Não é preciso nenhuma ciência para fazer tais perguntas. O ignorante pode tudo perguntar, e somente suas questões serão, para o viajante do país dos signos, questões verdadeiras, a exigir o exercício autônomo de sua inteligência.

Que seja! diz o contraditor. Mas, o que faz a força do interrogador faz também a incompetência do verificador. Como saberá ele que a criança não divaga? O pai ou a mãe sempre poderão pedir à criança: – *Mostra-me Pai, ou Céus*. Mas como poderão eles verificar se a criança indica corretamente a palavra solicitada? A dificuldade só crescerá à medida em que a criança avança – se ela avança – em sua aprendizagem. O mestre e o aluno ignorantes não estariam, nesse caso, representando a fábula do cego e do paralítico?

O poder do ignorante

Comecemos por tranquilizar o contraditor: não se fará do ignorante o depositário da ciência infusa, sobretudo dessa ciência do povo que se oporia à dos sábios. É preciso ser

---

[13] *Journal de l'émancipation intellectuelle*, t. VI, 1841-1842, p. 72.

sábio para julgar os resultados do trabalho, para verificar a ciência do aluno. O ignorante, por sua vez, fará *menos* e *mais*, ao mesmo tempo. Ele não verificará o que o aluno descobriu, verificará se ele buscou. Ele julgará se estava atento. Ora, basta ser homem para julgar do fato do trabalho. Tão bem quanto o filósofo, que "reconhece" passos de homem nas linhas na areia, a mãe sabe ver "nos olhos, em toda a expressão de seu filho, quando ele faz um trabalho qualquer, quando ele mostra palavras de uma frase, se ele está atento ao que faz."[14] O que o mestre ignorante deve exigir de seu aluno é que ele prove que estudou com atenção. É pouco? Vejamos, então, tudo o que essa exigência tem, para o aluno, de uma tarefa interminável. Vejamos, também, a inteligência que ela pode dar ao examinador ignorante: "Quem impede essa mãe *ignorante*, mas *emancipada*, de observar, a cada vez que pergunta onde está *Pai*, se a criança mostra sempre a mesma palavra; quem se oporá a que ela esconda essa palavra e pergunte: qual é a palavra que está debaixo de meu dedo? Etc. etc."[15]

Imagem piedosa, receita de mulheres... Esse foi o julgamento do porta-voz oficial da tribo dos explicadores: "*Pode-se ensinar o que se ignora* é ainda uma máxima de dona de casa."[16] Ao que se responderá que a "intuição maternal" não exerce aqui nenhum privilégio doméstico. O dedo que esconde a palavra *Pai* é o mesmo que está *em* Calipso, a escondida ou a ardilosa: a marca da inteligência humana, a mais elementar das astúcias da razão humana – a verdadei-

---

[14] *Journal de l'émancipation intellectuelle*, p. 73.

[15] Idem.

[16] Lorain, *Réfutation de la méthode Jacotot*, Paris, 1830, p. 90.

ra, aquela que é própria a cada um e comum a todos, essa razão que se manifesta exemplarmente ali, onde o saber do ignorante e a ignorância do mestre, agindo, fazem a demonstração dos poderes da igualdade intelectual. "O homem é um animal que distingue perfeitamente bem quando aquele que fala não sabe o que diz... Essa capacidade é o laço que une os homens."[17] A prática do mestre ignorante não é um simples expediente que permite ao pobre que não tem tempo, nem dinheiro, nem saber, instruir seus filhos. É a experiência crucial que libera os puros poderes da razão, lá onde a ciência não pode mais vir a seu socorro. O que um ignorante pode uma vez, todos os ignorantes podem sempre. Pois não há hierarquia na ignorância. E o que os ignorantes e os sábios podem, comumente, é a isso que se deve chamar o poder do ser inteligente, como tal.

Poder de igualdade que é, ao mesmo tempo, de dualidade e de comunidade. Não há inteligência onde há uma agregação, *ligadura* de um espírito a outro espírito. Há inteligência ali onde cada um age, narra o que ele fez e fornece os meios de verificação da realidade de sua ação. A coisa comum, situada entre as duas inteligências, é a caução dessa igualdade, e isso em um duplo sentido. Uma coisa material é, antes de mais nada, "o único ponto de comunicação entre dois espíritos".[18] A ponte é a passagem, mas também a distância mantida. A materialidade do livro mantém a igual distância os dois espíritos, enquanto a explicação é aniilação de um pelo outro. Mas a coisa é, igualmente, uma instância sempre disponível de verificação material: o ato do examinador ignorante é de "levar

---

[17] *Langue maternelle*, p. 271, e *Journal de l'émancipation intellectuelle*, t. III, 1835-1836, p. 323.

[18] *Journal de l'émancipation intellectuelle*, t. III, 1835-1836, p. 253.

o examinado aos objetos materiais, às frases, às palavras escritas em um livro, a uma *coisa* que ele possa verificar com seus sentidos."[19] O examinado está sempre sujeito a uma verificação no livro aberto, na materialidade de cada palavra, na trajetória de cada signo. A coisa, o livro, exorciza a cada vez a trapaça da incapacidade, e aquela do saber. Por isso, o mestre ignorante poderá, eventualmente, estender sua competência até a verificação não tanto da ciência do pequeno cavalheiro instruído, mas da atenção que ele dá ao que diz e faz. "Vós podeis, por esse meio, até mesmo prestar serviço a um de vossos vizinhos que se encontra, por circunstâncias independentes de sua vontade, forçado a enviar seu filho ao colégio. Se o vizinho vos pede para verificar o que sabe o pequeno colegial, não estareis em nada embaraçado com essa requisição, ainda que não tenhais estudos. O que estais aprendendo, jovem amigo, direis à criança. – Grego. – O quê? – Esopo – O quê? – As Fábulas – Que fábula conheceis? – A primeira – Onde está a primeira palavra? – Ei-la aqui. – Passai-me vosso livro. Recitai-me a quarta palavra. Colocai-a por escrito. O que escrevestes não se parece com a quarta palavra do livro. Vizinho, essa criança não sabe o que diz saber. Essa é uma prova de que lhe faltou atenção, quando estudava ou quando indicou o que diz saber. Aconselhai-o a estudar. Voltarei a passar, e vos direi se está aprendendo o grego, que ignoro, que sou incapaz de ler.[20]

É assim que o mestre ignorante pode *instruir* tanto aquele que sabe quanto o ignorante: verificando se ele está pesquisando continuamente. Quem busca, sempre encontra. Não encontra necessariamente aquilo que buscava,

---

[19] *Journal de l'émancipation intellectuelle*, t. III, 1835-1836, p. 259.

[20] *Journal de l'émancipation intellectuelle*, t. IV, 1836-1837, p. 280.

menos ainda aquilo que *é preciso encontrar*. Mas encontra alguma coisa nova, a relacionar à *coisa* que já conhece. O essencial é essa contínua vigilância, essa atenção que jamais se relaxa sem que venha a se instalar a desrazão – em que excelem tanto aquele que sabe quanto o ignorante. O mestre é aquele que mantém o que busca em *seu* caminho, onde está sozinho a procurar e o faz incessantemente.

Os negócios de cada um

Mas ainda é preciso, para verificar essa procura, saber o que quer dizer procurar. Esse é o cerne de todo o método. Para emancipar a outrem, é preciso que se tenha emancipado a si próprio. É preciso conhecer-se a si mesmo como viajante do espírito, semelhante a todos os outros viajantes, como sujeito intelectual que participa da potência comum dos seres intelectuais.

Como se tem acesso a esse conhecimento de si? "Um camponês, um artista (pai de família) se emancipará intelectualmente se refletir sobre o que é e o que faz na ordem social."[21] A coisa parecerá simples, e mesmo simplória, para quem desconhece o peso do velho mandamento que a filosofia, pela voz de Platão, instituiu como destino para o artesão: Não faças nada além de *teu próprio negócio*, que não é de pensar no que quer que seja, mas simplesmente *fazer* essa coisa que esgota a definição de teu ser: se tu és sapateiro, calçados e crianças que serão sapateiros. Não é a ti que o oráculo délfico recomenda conhecer-se. E, mesmo se a divindade, brincalhona, se divertisse em semear na

---

[21] *Enseignement universel. Langue maternelle*, 6ᵉ ed., Paris, 1836, p. 422.

alma de teu filho um pouco do ouro do pensamento, é à raça de ouro, aos guardiães da *pólis* que incumbiria a tarefa de educá-lo, para torná-lo um deles.

É bem verdade que a era do progresso pretendeu abalar a rigidez do velho mandamento. Com os enciclopedistas, decretou que nada mais se fizesse como rotina, nem mesmo o trabalho dos artesãos. E sabia que não há ator social, por mais ínfimo que seja, que não se constitua, ao mesmo tempo, em um ser pensante. O cidadão Destutt de Tracy relembrou, no alvorecer do novo século: "Todo homem que fala tem ideias de ideologia, de gramática, de lógica e de eloquência. Todo homem que age tem princípios de moral privada e de moral social. Todo ser, apenas por vegetar, desenvolve suas noções de física e de cálculo; e, somente pelo fato de viver com seus semelhantes, desenvolve sua pequena coleção de fatos históricos e sua maneira de julgá-los."[22]

Impossível, portanto, que os sapateiros façam apenas calçados – que não sejam também, à sua maneira, gramáticos, moralistas e físicos. Este é o primeiro problema: enquanto os artesãos e os camponeses formarem essas noções de moral, de cálculo ou de física, segundo a rotina de seu meio ou o acaso de seus encontros, a marcha racional do progresso será duplamente contrariada: retardada pelos rotineiros e supersticiosos, ou perturbada pelo açodamento dos violentos. Faz-se, portanto, necessário que um mínimo de instrução, retirado dos princípios da razão, da ciência e do interesse geral, imbua de noções sadias cabeças que, sem isso, as formarão falhas. Escusado mencionar que

---

[22]Destutt de Tracy, *Observations sur le système actuel d'instruction publique.* Paris, ano IX.

essa empreitada será tão mais proveitosa quanto mais ela subtrair o filho do camponês ou do artesão do meio natural produtor dessas falsas ideias. No entanto, essa evidência encontra rapidamente sua contradição: a criança que deve ser subtraída à rotina e à superstição deve, no entanto, voltar à sua atividade e à sua condição. E a era do progresso foi, desde sua aurora, advertida do perigo mortal que há em separar a criança do povo da condição para qual está votada e das ideias relativas a essa condição. Assim, ela se esbarra com essa contradição: sabe-se, agora, que as ciências dependem todas de princípios simples, que são acessíveis a todos os espíritos que delas desejarem se apropriar, desde que sigam o método adequado. Mas, a mesma natureza que abre a carreira das ciências a todos os espíritos quer uma ordem social em que as classes estejam separadas e os indivíduos conformados ao estado social que lhes é destinado.

A solução encontrada para essa contradição é a balança ordenada da instrução e da educação, a repartição dos papéis devidos ao mestre-escola e ao pai de família. Um afugenta, pelas luzes da instrução, as ideias falsas que a criança deve a seu meio familiar; o outro afugenta, pela educação, as aspirações extravagantes que o escolar poderia tirar de sua jovem ciência e o traz de volta à condição dos seus. O pai de família, incapaz de tirar de sua prática rotineira as condições para a instrução intelectual de seu filho, mostra-se, em troca, todo-poderoso para lhe ensinar, pela palavra e pelo exemplo, a virtude que há em se manter em sua condição. A família é, ao mesmo tempo, fonte da incapacidade intelectual e princípio de objetividade ética. Esse duplo caráter se traduz por uma dupla limitação da consciência de si do artesão: a consciência de que aquilo que *faz* depende de uma ciência que não é a sua, a consciência de que aquilo que *é* o conduz a não fazer nada, além de seu próprio negócio.

Digamo-lo mais simplesmente: a balança harmoniosa da instrução e da educação é a de um duplo embrutecimento. A isso se opõe, exatamente, a emancipação – tomada de consciência, por parte de cada homem, de sua natureza de sujeito intelectual; fórmula cartesiana da igualdade, posta ao revés: "Descartes dizia: *eu penso, logo sou*; e esse belo pensamento do grande filósofo é um dos princípios do Ensino Universal. Nós invertemos seu pensamento e dizemos: *eu sou homem, logo, penso*".[23] A inversão inclui o sujeito *homem* na igualdade do *cogito*. O pensamento não é um atributo da substância pensante, mas um atributo da *humanidade*. Para transformar o "conhece-te a ti mesmo" em princípio da emancipação de todo ser humano, é preciso fazer operar, contra o interdito platônico, uma das etimologias da fantasia do *Crátilo*: o homem, o *anthropos*, é o ser que *examina o que vê*, que se conhece nessa reflexão sobre seu ato.[24] Toda a prática do Ensino Universal se resume na questão: *o que pensas disso?* Todo seu poder está na consciência da emancipação que ela atualiza no mestre, e suscita no aluno. O pai poderá emancipar seu filho, se começar por se conhecer a si próprio, isto é, por examinar os atos intelectuais de que é o sujeito, por observar a maneira como utiliza, nesses atos, seu poder de ser pensante.

A consciência da emancipação é, antes de tudo, o inventário das competências intelectuais do ignorante.

---

[23] *Sommaire des leçons publiques de M. Jacotot...*, p. 23.

[24] Platão, *Crátilo*, 399 c: "Único entre todos os animais, o homem foi justamente chamado *anthropos*, porque ele examina o que viu (*anathrôn haapôpê*)."

A lição do ignorante

Ele conhece sua língua. Ele sabe, igualmente, usá-la para protestar contra seu estado ou para interrogar os que sabem, ou acreditam saber, mais do que ele. Ele conhece seu ofício, seus instrumentos e uso; ele seria capaz, se necessário, de aperfeiçoá-los. Ele deve começar a refletir sobre essas capacidades e sobre a maneira como as adquiriu.

Avaliemos melhor essa reflexão. Não se trata de opor os saberes manuais e do povo, a inteligência do instrumento e do operário, à ciência das escolas ou à retórica das elites. Não se trata de perguntar quem construiu Tebas e suas sete portas, para reivindicar o lugar de construtores e de produtores na ordem social. Trata-se, ao contrário, de reconhecer que não há duas inteligências, que toda obra da arte humana é a realização das mesmas virtualidades intelectuais. Em toda parte, trata-se de observar, de comparar, de combinar, de fazer e de assinalar como se fez. Em toda parte é possível essa reflexão, essa volta sobre si mesmo, que não é a pura contemplação de uma substância pensante, mas a atenção incondicionada a seus atos intelectuais, ao caminho que descrevem e à possibilidade de avançar sempre, investindo a mesma inteligência na conquista de novos territórios. Permanece embrutecido aquele que opõe a obra das mãos operárias e do povo que nos alimenta às nuvens da retórica. A fabricação de nuvens é uma obra da arte humana que exige, nem menos, nem mais, tanto trabalho, tanta atenção intelectual quanto a fabricação de calçados e de maçanetas. M. Lerminier, o acadêmico, disserta sobre a incapacidade intelectual do povo. M. Lerminier é um embrutecido. Mas um embrutecido não é um tolo, nem um preguiçoso. E seríamos embrutecidos, por nossa vez, se não reconhecêssemos em suas dissertações a mesma arte, a mesma inteligência, o mesmo trabalho que os daqueles que transformam a madeira, a pedra ou o couro. Somente se reconhecermos o *trabalho* de M. Lerminier, seremos capazes de reconhecer a *inteligência* manifestada pela obra dos mais humildes. "As camponesas pobres dos arredores de Grenoble fabricam luvas; pagam-se-lhes trinta centavos a dúzia. Mas, desde que se emanciparam, elas se aplicam a olhar, a estudar, a compreender uma luva bem confeccionada. Elas adivinharão o sentido de todas as frases, de todas as palavras dessa luva. Acabarão por falar tão bem quanto as mulheres da cidade, que ganham sete francos por dúzia. Trata-se somente de aprender uma língua que se fala com tesouras, agulha e linha. A questão sempre está limitada (nas sociedades humanas) a compreender e falar uma língua."[25]

A idealidade material da língua refuta qualquer oposição entre raça de ouro e raça de ferro, qualquer hierarquia – ainda que invertida – entre os homens votados ao trabalho manual e os homens destinados ao exercício do pensamento. Qualquer obra da língua se compreende e se executa da mesma maneira. É por isso que o ignorante pode, assim que se *conheceu* a si mesmo, verificar a pesquisa de seu filho no livro que não consegue ler: mesmo não conhecendo as *matérias* que o filho estuda, se este lhe diz como está fazendo, saberá reconhecer se está fazendo, ou não, obra de pesquisador. Pois ele sabe o que é pesquisar e não tem senão uma coisa a pedir a seu filho, que é virar e revirar suas palavras e frases, como ele próprio vira e revira seus instrumentos quando pesquisa.

O livro – *Telêmaco* ou outro – colocado entre duas inteligências resume essa comunidade ideal que se inscreve

---

[25] *Enseignement universel. Musique*, 3ª ed., Paris, 1830, p. 349.

na materialidade das coisas. O livro *é* a igualdade das inteligências. Por isso, um mesmo mandamento filosófico prescrevia ao artesão só fazer seus próprios negócios e condenava a democracia do livro. O filósofo-rei platônico opunha à palavra viva a letra morta do livro – pensamento tornado matéria à disposição dos homens da matéria, discurso ao mesmo tempo mudo e tagarela, errando ao acaso entre aqueles cujo único negócio é pensar. O privilégio explicador é somente a moeda de troco desse interdito. E o privilégio que o "método Jacotot" concede ao livro, à manipulação dos signos, à mnemotécnica é a perfeita inversão da hierarquia dos espíritos que marcava, em Platão, a crítica da escrita.[26] O livro sela a nova relação entre dois ignorantes que a partir daí se reconhecem como inteligências. E essa nova relação transforma a relação embrutecedora da instrução intelectual e da educação moral. Em vez da instância disciplinadora da educação, intervém a decisão da emancipação, que torna o pai ou a mãe capaz de representar, para seu filho, o papel do mestre ignorante em quem se encarna a exigência incondicionada da vontade. Exigência incondicionada: o pai emancipador não é um pedagogo gentil, mas um mestre intratável. O mandamento emancipador não conhece negociações. Ele comanda absolutamente um sujeito que supõe capaz de comandar-se a si mesmo. O filho verificará no livro a igualdade das inteligências, desde que o pai ou a mãe verifiquem a radicalidade da pesquisa que ele está realizando. A célula familiar já não é mais, então, o lugar de um retrocesso que conduz o artesão à consciência de

---

[26]Cf. Platão, *Fedro*, 274 e / 277 a, e J. Rancière, *Le Philosophe et ses pauvres*, Fayard, 1983, p. 66 e seg.

sua nulidade. Ela é o lugar de uma nova consciência, de uma superação de si que estende o "próprio negócio" de cada um até o ponto em que ele se faz exercício integral da razão comum.

O cego e seu cão

Pois é exatamente isso que se trata de verificar: a igualdade de princípio dos seres falantes. Ao forçar a vontade do filho, o pai de família pobre verifica que eles têm a mesma inteligência, que seu filho pesquisa como ele; e o que o filho busca no livro é a inteligência daquele que o escreveu, para verificar se ela procede exatamente como a sua. Essa reciprocidade é o cerne do método emancipador, o princípio de uma filosofia nova que o Fundador, juntando duas palavras gregas, batizou de *panecástica*, porque ela busca o *todo* da inteligência humana em *cada* manifestação intelectual. Decerto, não o havia compreendido bem o proprietário que enviou seu jardineiro para se formar em Louvain, pretendendo torná-lo instrutor de seus filhos. Não há performances pedagógicas especiais a serem esperadas de um jardineiro emancipado, ou de um mestre ignorante em geral. O que pode, essencialmente, um emancipado é ser emancipador: fornecer, não a chave do saber, mas a consciência daquilo que pode uma inteligência, quando ela se considera como igual a qualquer outra e considera qualquer outra como igual à sua.

A emancipação é a consciência dessa igualdade, dessa reciprocidade que, somente ela, permite que a inteligência se atualize pela verificação. O que embrutece o povo não é a falta de instrução, mas a crença na inferioridade de sua inteligência. E o que embrutece os "inferiores" embrutece, ao mesmo tempo, os "superiores". Pois só verifica sua inteligência aquele que fala a um semelhante, capaz de verificar a igualdade das duas inteligências. Ora, o espírito superior se condena a jamais ser compreendido pelos inferiores. Ele só se assegura de sua inteligência desqualificando aqueles que lhe poderiam recusar esse reconhecimento. Tal como o sábio que *sabe* que os espíritos femininos são inferiores aos espíritos masculinos, e que passa toda sua existência a dialogar com um ser que não pode compreendê-lo: "Que intimidade! que doçura nas conversações amorosas! nos casais! nas famílias! Aquele que fala nunca está certo de ter sido compreendido. Ele tem um espírito e um coração! um grande espírito! um coração sensível! mas o cadáver ao qual a cadeia social o amarrou, ou a amarrou! Oh, infelicidade!"[27] Dir-se-á que a admiração de seus alunos e do mundo exterior o consola dessa desgraça doméstica? Mas o que vale o julgamento de um espírito inferior sobre um espírito superior? "Dizei ao poeta: eu apreciei muito vossa última obra; ele vos responderá, mordendo os lábios: *muito* me honrais; isso é: meu caro, não saberia me envaidecer com o sufrágio de vossa pequena inteligência..."[28]

Mas essa crença na desigualdade intelectual e na superioridade de sua própria inteligência não é, em nada, uma exclusividade dos sábios e dos poetas eminentes. Sua força vem do fato de que ela envolve toda a população, sob a aparência de humildade. "Eu não posso", vos declara o ignorante que incitais a se instruir. "Eu não sou mais do que um operário". Percebei bem o que está contido

---

[27] *Journal de l'emancipation intellectuelle*, t. V, 1838, p. 168.

[28] *Enseignement universel. Mélanges posthumes*, Paris, 1841, p. 176.

no silogismo. Antes de tudo, "eu não posso" significa "eu não quero, por que faria eu semelhante esforço?" O que quer dizer, também: eu poderia, sem dúvida, fazê-lo, pois sou inteligente; mas não sou senão um operário: gente como eu não o consegue; meu vizinho não o conseguiria. De que isso me serviria, então, já que trato com imbecis?

Assim vai a crença na desigualdade. Não há espírito superior que não encontre um mais superior ainda, para rebaixá-lo; não há espírito inferior que não encontre outro mais inferior ainda, para desprezar. A toga professoral de Louvain é bem pouca coisa, em Paris. E o artesão parisiense *sabe* como lhe são inferiores os artesãos de província – que sabem, por sua vez, como são atrasados os camponeses. No dia em que esses últimos pensarem que conhecem as coisas e que a toga de Paris abriga um fantasista, o cerco se fechará. A superioridade universal dos inferiores se unirá à inferioridade universal dos superiores para criar um mundo em que nenhuma inteligência poderá se reconhecer em seu igual. Ora, a razão se perde ali onde um homem fala a um outro que nada lhe pode replicar. "Não há espetáculo mais belo, mais instrutivo, do que o espetáculo do homem que fala. Porém, o ouvinte deve se reservar o direito de pensar no que acabou de ouvir e o expositor deve convidá-lo a tanto [...] Logo, é preciso que o ouvinte verifique se o expositor está atualmente no uso de sua razão, se dela está escapando, ou se a está abraçando. Sem essa verificação autorizada, exigida pela própria igualdade das inteligências, não vejo, numa conversa, mais do que um discurso entre o cego e seu cão."[29]

---

[29] *Journal de l'emancipation intellectuelle*, t. III, 1835-36, p. 334.

Resposta à fábula do cego e do paralítico, o cego que fala a seu cão é o apólogo do mundo das inteligências desiguais. Percebe-se bem que se trata de filosofia e de humanidade, não de receitas de pedagogia infantil. O Ensino Universal é, em primeiro lugar, a universal verificação do semelhante de que todos os emancipados são capazes, todos aqueles que decidiram pensar em si como homens semelhantes a qualquer outro.

Tudo está em tudo

Tudo está em tudo. A tautologia da potência é também a da igualdade, que busca o dedo da inteligência em toda obra de homem. Esse é o sentido do exercício que tanto surpreendeu Baptiste Froussard, homem de progresso e diretor de escola em Grenoble, que veio acompanhar em Louvain os dois filhos do deputado Casimir Perier. Membro da *Sociedade dos Métodos de Ensino*, Baptiste Froussard já havia ouvido falar do Ensino Universal e deve ter reconhecido, na classe de Mlle. Marcellis, exercícios que o presidente dessa Sociedade, M. de Lasteyrie, havia descrito. Ele observou jovens moças, segundo o costume, fazerem composições em quinze minutos, umas sobre *o último homem*, outras sobre *o retorno do exilado*, e escrever sobre esses temas peças de literatura que, como assegurava o fundador, "não fariam feio entre as mais belas páginas de nossos melhores autores". Essa afirmação levantava vivas reservas nos visitantes ilustres. Mas M. Jacotot havia encontrado o meio de convencê-los: já que, em toda evidência, eles próprios podiam ser contados entre os melhores escritores da época, bastava-lhes submeterem-se à mesma prova, e dar aos alunos a possibilidade de comparar.

M. de Lasteyrie se havia prestado de bom grado ao exercício. Mas o mesmo não sucedeu com M. Guigniaut – o enviado da Escola Normal de Paris que se mostrara incapaz de ver qualquer dedo humano em *Calipso*, mas que, em troca, havia visto em uma composição a ausência indesculpável de um circunflexo sobre a palavra *croître*. Convidado para a prova, ele se tinha apresentado com uma hora de atraso, sendo-lhe solicitado que voltasse no dia seguinte. Mas, à tarde, ele havia retomado o caminho de Paris, levando em suas bagagens, como peça de acusação, esse *i* vergonhosamente privado de seu circunflexo.

Após a leitura das composições, Baptiste Froussard assistiu às sessões de *improvisação*. Tratava-se de um exercício essencial do Ensino Universal: aprender a falar sobre todos os assuntos, à queima-roupa, com um começo, um desenvolvimento e um fim. Aprender a improvisar era, antes de qualquer outra coisa, aprender a *vencer a si próprio*, a vencer esse orgulho que se disfarça de humildade para declarar sua incapacidade de falar diante de outrem – isso é, a recusa de submeter-se a seu julgamento. Era, em seguida, aprender a começar e a terminar, a fazer por si mesmo um *todo*, a aprisionar a língua em um círculo. Assim, duas alunas haviam improvisado, com toda segurança, sobre *a morte do ateu*, após o que M. Jacotot, para afugentar essas tristes ideias, pediu a outra aluna para improvisar sobre *o voo de uma mosca*. Estava decretada a hilaridade na sala, mas M. Jacotot colocou as coisas no lugar: não se tratava de rir, era preciso *falar*. E, sobre esse tema aéreo, durante oito minutos e meio a jovem disse coisas encantadoras, estabelecendo relações cheias de graça e de frescor de imaginação.

A lição do ignorante

Baptiste Froussard havia participado da lição de música. M. Jacotot havia lhe solicitado fragmentos de poesia francesa, sobre os quais as jovens alunas haviam improvisado melodias com acompanhamento que interpretaram de modo adorável. Muitas vezes, ainda, ele havia voltado à casa de Mlle. Marcellis, conduzindo ele mesmo exercícios de composição de moral e de metafísica, todos realizados com uma facilidade e um talento admiráveis. Porém, eis o exercício que mais o surpreendeu: um dia, M. Jacotot havia se dirigido às alunas: "Senhoritas, sabeis que há arte em toda obra humana; em uma máquina a vapor, como em um vestido; em uma obra de literatura, como em um sapato. Muito bem! Vós me fareis uma composição sobre a arte em geral, relacionando vossas palavras, vossas expressões, vossos pensamentos a uma ou outra passagem dos autores que vos serão indicados, de maneira a poder tudo justificar ou verificar."[30]

Diversas obras foram então trazidas a Baptiste Froussard, que indicou pessoalmente, a uma, certa passagem de *Athalie*, a outra, um capítulo da gramática; a outra, ainda, uma passagem de Bossuet, um capítulo da geografia, a divisão aritmética de Lacroix, e assim por diante. Não lhe foi preciso esperar muito pelos resultados desse estranho exercício sobre coisas tão pouco comparáveis. Ao fim de meia hora, novamente o estupor o invadiu, ao perceber a qualidade das composições que haviam sido feitas em sua presença, e dos comentários improvisados que as justificavam. Ele admirou, em particular, uma explicação da *arte* feita sobre a passagem de *Athalie*, acompanhada

---

[30] B. Froussard, *Lettre à ses amis au sujet de la méthode de M. Jacotot*, Paris, 1829, p. 6.

de uma *justificativa* ou *verificação* somente comparável, segundo ele, à mais brilhante lição de literatura que já escutara.

Nesse dia, mais do que nunca, Baptiste Froussard compreendeu em que sentido se pode dizer que *tudo está em tudo*. Ele já sabia que M. Jacotot era um pedagogo surpreendente e podia presumir a qualidade dos alunos formados sob sua orientação. Contudo, ele voltou para casa tendo compreendido uma coisa a mais: as alunas de Mlle. Marcellis, de Louvain, tinham a mesma inteligência que as artesãs de Grenoble e, mesmo – muito mais difícil de admitir – que as artesãs dos arredores de Grenoble.

CAPÍTULO TERCEIRO

A razão dos iguais

É preciso refletir melhor sobre a razão desses efeitos: "Nós orientamos as crianças a partir da *opinião* da igualdade das inteligências".

Mas, o que é uma *opinião*? É, dizem os explicadores, um sentimento que formamos sobre os fatos superficialmente observados. As opiniões crescem, muito particularmente, nos cérebros fracos e populares, e se opõem à ciência, que conhece as verdadeiras razões dos fenômenos. Se desejardes, vos ensinaremos a ciência.

Devagar. Nós vos concedemos que uma opinião não é uma verdade. Porém, é isso que nos interessa: quem não conhece a verdade busca por ela, e há muitas descobertas a serem feitas no caminho. O único erro seria tomar nossas opiniões como verdades. Isso, sem dúvida, é o que se faz cotidianamente. Mas esta é, justamente, a única coisa em que queremos nos distinguir – nós, adeptos do louco: pensamos que nossas opiniões são opiniões, e nada mais. Nós observamos certos fatos. Nós acreditamos que tal poderia ser a razão para esses fatos. Faremos, e podereis fazer também, algumas experiências para verificar a solidez dessa opinião. Parece-nos, inclusive,

71

que o procedimento não é totalmente inédito. Não é assim que agem, frequentemente, os físicos e os químicos? Mas, nesse caso, fala-se, em tom respeitoso, de hipótese, de método científico.

Mas, na verdade, pouco nos importa o respeito. Limitemo-nos aos fatos: vimos crianças e adultos aprenderem sozinhos, sem mestre explicador, a ler, a escrever, a tocar música, ou a falar línguas estrangeiras. Acreditamos que esses fatos poderiam se explicar pela igualdade das inteligências. É uma opinião cuja verificação estamos perseguindo. É bem verdade que há nisso uma dificuldade. Físicos e químicos isolam os fenômenos físicos, colocando-os em relação a outros fenômenos físicos. Ao produzir as supostas causas para esses fenômenos, eles se habilitam a reproduzir seus efeitos conhecidos. Tal caminho nos está interditado. Jamais poderemos dizer: tomemos duas inteligências iguais e submetamo-las a tal ou tal condição. Conhecemos a inteligência por seus efeitos. Não podemos, entretanto, isolá-la ou medi-la. Estamos reduzidos a multiplicar as experiências inspiradas por essa opinião. E jamais podermos afirmar: todas as inteligências são iguais.

Isso é inegável. Nosso problema, contudo, não é provar que todas as inteligências são iguais. É ver o que se pode fazer a partir dessa suposição. E, para isso, basta-nos que essa opinião seja possível, isto é, que nenhuma verdade contrária seja demonstrada.

Cérebros e folhas

Mas é precisamente o contrário que é patente, dizem os espíritos superiores. É evidente aos olhos de todos que as inteligências são desiguais. Primeiramente, não há na natureza dois seres idênticos. Observai as folhas que caem dessa árvore. Elas vos parecem exatamente parelhas. Observai mais de perto, para vos dissuadirdes. Em meio a esses milhares de folhas, não há duas assemelhadas. A individualidade é a lei do mundo. Como essa lei, que se aplica a vegetais, não se aplicaria, *a fortiori*, a esse ser infinitamente mais elevado na hierarquia vital, que é a inteligência humana? *Logo*, todas as inteligências são diferentes. Além disso, sempre houve, sempre haverá, e há em toda parte seres desigualmente dotados para as coisas da inteligência: sábios e ignorantes, pessoas de espírito e tolos, espíritos abertos e cérebros obtusos. Sabemos o que se diz a esse respeito: a diferença das circunstâncias, do meio social, a educação... Pois bem, façamos uma experiência: tomemos duas crianças saídas do mesmo meio, educadas da mesma maneira. Tomemos dois irmãos, enviemo-los à mesma escola, submetidos aos mesmos exercícios. O que veremos? Um será mais bem sucedido do que o outro. Logo, existe uma diferença intrínseca. E essa diferença deve-se ao seguinte: um dos dois é mais inteligente, mais dotado, tem mais recursos do que o outro. *Logo*, vê-se bem que as inteligências são desiguais.

O que responder a essas *evidências*? Comecemos pelo começo: por essas folhas que tanto interessam aos espíritos superiores. Nós as reconheceremos tão diferentes quanto eles quiserem. Indagaremos, apenas: como, no entanto, se passa da diferença das folhas à desigualdade das inteligências? A desigualdade é apenas um gênero da diferença, e não é dele que se fala, no caso das folhas. Uma folha é um ser material, enquanto que um espírito é imaterial. Como concluir, sem paralogismo, das propriedades das folhas às propriedades do espírito?

É bem verdade que nesse terreno têm-se agora rudes adversários: os fisiologistas. As propriedades do espírito, dizem os mais radicais dentre eles, são na realidade propriedades do cérebro humano. Diferença e desigualdade reinam aí, como na configuração de todos os outros órgãos do corpo humano. Tanto quanto pesa o cérebro, vale a inteligência. Sobre a questão se debruçam frenólogos e cranióscopos: este aqui, dizem, tem a bossa do gênio; esse outro não tem a bossa dos matemáticos. Abandonemos esses *protuberantes* ao exame de suas protuberâncias e reconheçamos a seriedade da questão. Pode-se, com efeito, imaginar um materialismo consequente. Esse só conheceria cérebros e poderia aplicar a eles tudo que se aplica aos seres materiais. Para ele, efetivamente, as proposições de emancipação intelectual não seriam mais do que sonhos de cérebros bizarros, afetados por uma forma particular da velha doença do espírito que é conhecida pelo nome de melancolia. Nesse caso, os espíritos superiores – isso é, os cérebros superiores – de fato comandariam os espíritos inferiores, como o homem comanda os animais. Se assim o fosse, simplesmente ninguém discutiria a desigualdade das inteligências. Os cérebros superiores não se dariam ao trabalho inútil de demonstrar sua superioridade a cérebros inferiores – incapazes, por definição, de compreendê-los. Contentar-se-iam em dominá-los. E nisso não encontrariam qualquer obstáculo: sua superioridade intelectual exercer-se-ia de fato, assim como acontece com a superioridade física. Não haveria mais necessidade de leis, de assembleias e de governos na ordem política, tanto quanto não haveria mais necessidade de ensino, de explicações e de academias na ordem intelectual.

A razão dos iguais

Mas, tal não é o caso. Temos governos e leis. Temos espíritos superiores que buscam instruir e convencer os espíritos inferiores. Mais estranho ainda, os apóstolos da desigualdade das inteligências, em sua imensa maioria, não seguem os fisiologistas e fazem pouco dos cranióscopos. A superioridade de que se vangloriam não se mede, segundo eles, por esses instrumentos. O materialismo seria uma explicação cômoda de sua superioridade, mas, para eles, trata-se ainda de uma outra coisa. Sua superioridade é espiritual. Eles são espiritualistas, antes de tudo porque têm uma boa opinião de si mesmos. Eles acreditam na alma imaterial e imortal. Mas, como o que é imaterial seria susceptível de mais e do menos? Tal é a contradição dos espíritos superiores. Eles querem uma alma imortal, um espírito distinto da matéria, e querem inteligências diferentes. Mas, é a matéria que faz as diferenças. Se nos atemos à desigualdade, é preciso aceitar as localizações cerebrais; se nos atemos à unidade do princípio espiritual, é preciso afirmar que é a mesma inteligência que se aplica, em circunstâncias diferentes, a objetos materiais diferentes. No entanto, os espíritos superiores não querem saber, nem de uma superioridade que fosse somente material, nem de uma espiritualidade que os fizesse iguais aos inferiores. Eles reivindicam as diferenças dos materialistas no seio da elevação própria à imaterialidade. Eles maquiam as bossas dos cranióscopos em dons inatos da inteligência.

Eles bem percebem essa fragilidade, tal como sabem que é preciso conceder algo aos inferiores, ainda que por pura precaução. Eis, portanto, como resolvem as coisas: há em todo homem, dizem eles, uma alma imaterial. Ela permite ao mais humilde conhecer as grandes verdades do bem e do mal, da consciência e do dever, de Deus e do julgamento. Quanto a isso, somos todos iguais e até concedemos que os mais humildes frequentemente nos superariam. Que isso lhes baste, pois, e não aspirem, ademais, a essas capacidades intelectuais, que são privilégio – muitas vezes, pesadamente adquirido – daqueles que têm por tarefa cuidar dos interesses gerais da sociedade. E que não venham nos dizer que essas diferenças são puramente sociais. Basta ver essas duas crianças, saídas do mesmo meio, formadas pelo mesmo mestre. Um é mais bem sucedido, o outro, fracassa. Logo...

Que seja! Logo, vejamos essas crianças; e vejamos, também, vossos *logo*. Um é mais bem sucedido do que o outro – é um *fato*. Se ele é mais bem sucedido, dizeis, é *porque* é mais inteligente: é aqui que a explicação torna-se obscura. Haveis mostrado um outro *fato* que seria a causa do primeiro? Se um fisiologista descobrisse que um dos cérebros era mais estreito, ou mais leve do que o outro, isso seria um fato. Ele poderia legitimamente *logar*. Vós, porém, não mostrais outro fato. Ao dizer: "Ele é mais inteligente", vós simplesmente resumis as ideias que relatam esse fato. Vós o haveis *nomeado*. Entretanto, o *nome* de um fato não é sua causa, e sim, no máximo, sua metáfora. Vós haveis relatado o fato, uma primeira vez, dizendo: "Ele é mais bem sucedido", e o haveis relatado com outro nome, ao afirmar: "Ele é mais inteligente". Contudo, não há mais no segundo enunciado do que havia no primeiro. "Esse homem é mais bem sucedido do que esse outro, porque ele tem mais espírito; isso significa, exatamente: ele é mais bem sucedido porque é mais bem sucedido [...] Esse jovem tem muito mais *recursos*, diz-se. Eu pergunto: o que é ter mais *recursos*? e recomeçais a me relatar a história das duas crianças; logo, *mais recursos*, digo a mim mesmo, significa em francês o conjunto de fatos que acabo de ouvir: mas esta expressão não os explica absolutamente."[31]

Impossível, pois, romper o círculo. É preciso mostrar a causa da desigualdade, ainda que isso signifique ter que tomá-la emprestada dos protuberantes, ou limitar-se a uma tautologia. A desigualdade das inteligências explica a desigualdade das manifestações intelectuais como a *virtus dormitiva* explica os efeitos do ópio.

Um animal atento

Sabemos que uma justificação da igualdade das inteligências seria igualmente tautológica. Seguiremos, portanto, um outro caminho: só falaremos daquilo que vemos; nomearemos os fatos sem pretender atribuir-lhes uma causa. Primeiro fato: "Vejo que o homem faz coisas que os outros animais não fazem. Chamo a esse fato, a meu gosto, *espírito*, ou *inteligência*; nada explico, dou um nome ao que vejo."[32] Posso dizer, igualmente, que o homem é um *animal razoável*. Com isso, consignarei o fato de que o homem dispõe de uma linguagem articulada, da qual se serve para fazer palavras, figuras, comparações, a fim de comunicar seu pensamento aos semelhantes. Em segundo lugar, quando comparo dois homens, "vejo que, nos primeiros momentos da vida, eles têm absolutamente a mesma inteligência, isto é, fazem exatamente as mesmas coisas, com o mesmo objetivo, com a mesma intenção. Digo que esses dois homens têm uma inteligência igual, e essa expressão *inteligência igual* é um signo abreviado

---

[31] *Enseignement universel. Langue étrangère*, 2ᵉ ed., Paris, 1829, p. 228-229.

[32] *Ibidem*, p. 229.

de todos os fatos que constatei ao observar duas crianças em tenra idade."

Mais tarde, verei outros fatos. Constatarei que essas duas inteligências já não fazem as mesmas coisas, não mais obtêm os mesmos resultados. Poderei afirmar, se quiser, que a inteligência de um é mais desenvolvida do que a do outro – se estou consciente de que, ainda aí, estou apenas *relatando* um novo fato. Nada me impede, então, de fazer uma suposição. Não direi que a faculdade de um é inferior à do outro, somente suporei que ela não foi igualmente exercida. Nada me concede certeza quanto a isso, mas nada me prova o contrário. Basta-me saber que esta falta de exercício é possível, e que muitas experiências o atestam. De modo que deslocarei ligeiramente a tautologia: não direi que ele é menos bem sucedido porque é menos inteligente. Direi que talvez ele tenha realizado um trabalho menos bom porque trabalhou menos bem, que não viu bem porque não olhou bem. Direi que ele dedicou a seu trabalho menor atenção.

Assim fazendo, é bem possível que eu não tenha avançado muito, mas já o suficiente para sair do círculo. A atenção não é nem uma bossa do cérebro, nem uma qualidade oculta. É um fato imaterial em seu princípio e material em seus efeitos: temos mil e um meios de verificar sua presença, sua ausência ou sua maior ou menor intensidade. É para isso que tendem todos os exercícios do Método Universal. Enfim, a desigualdade de atenção é um fenômeno cujas causas possíveis nos são razoavelmente sugeridas pela experiência. Sabemos porque crianças pequenas demonstram uma inteligência tão semelhante em sua exploração do mundo e em seu aprendizado da linguagem. O instinto e a necessidade os conduzem de forma idêntica. Todas têm mais ou menos as mesmas necessidades a serem satisfeitas e todos querem igualmente entrar na sociedade dos humanos, na sociedade dos seres falantes. E, para isso, é preciso que a inteligência trabalhe sem repouso. "Esta criança está rodeada de objetos que lhe falam, todos ao mesmo tempo, em línguas diferentes; é preciso que ela os estude separadamente, e em seu conjunto; eles não têm entre si qualquer relação e, frequentemente, se contradizem. Ela nada pode adivinhar sobre esses idiomas que a natureza fala, ao mesmo tempo a seu olho, a seu tato, a todos os seus sentidos. É preciso que esteja sempre repetindo, para poder se lembrar de tantos signos absolutamente arbitrários [...] Quanta atenção é necessária, para tudo isso!"[33]

Dado esse grande passo, a necessidade se faz menos imperiosa, a atenção menos constante e a criança se habitua a aprender pelos olhos de outrem. As circunstâncias se diversificam e ela desenvolve as capacidades intelectuais que lhe são solicitadas. A mesma coisa se passa com os homens do povo. É inútil discutir se sua inteligência "menor" é um efeito da natureza ou da sociedade: eles desenvolvem a inteligência que suas necessidades e circunstâncias exigem. Ali onde a necessidade cessa, a inteligência repousa, a menos que uma vontade mais forte se faça ouvir e diga: continua; vê o que fizeste e o que *podes* fazer se aplicares a mesma inteligência que já empregaste, investindo em toda coisa a mesma atenção, não te deixando distrair em teu caminho.

Resumamos essas observações, e diremos: *o homem é uma vontade servida por uma inteligência*. Talvez o fato de

---

[33] *Enseignement universel. Langue maternelle*, 6ᵉ ed., Paris, 1836, p. 199.

vontades desigualmente imperiosas seja suficiente para explicar a desigualdade das performances intelectuais.

O homem é *uma vontade servida por uma inteligência*. Essa fórmula é herdeira de uma longa história. Resumindo o pensamento dos espíritos fortes do século XVIII, Saint-Lambert havia afirmado: *O homem é uma organização viva, servida por uma inteligência*. A fórmula recendia o materialismo que a inspirava e, quando da Restauração, o apóstolo da contrarrevolução, o Visconde de Bonald, a havia estritamente invertido. *O homem*, proclamava, *é uma inteligência servida por órgãos*. Mas essa inversão realizava uma restauração bastante ambígua da inteligência. O que havia desagradado ao Visconde na fórmula do filósofo não era o fato de que ela deixava muito pouco para a inteligência humana. Ele mesmo se preocupava bem pouco com ela. O que, ao contrário, o havia descontentado era o modelo republicano de um rei a serviço da organização coletiva. O que ele queria restaurar era a boa ordem hierárquica: um rei que comanda e sujeitos que obedecem. A inteligência-rainha, para ele, não era certamente aquela da criança ou do operário tensionado para a apropriação do mundo dos signos; era a inteligência divina já inscrita nos códigos dados aos homens pela divindade, na própria língua que não devia sua origem nem à natureza, nem à arte humana, mas ao puro dom divino. A parte que cabia à vontade humana era a de se submeter a essa inteligência já manifestada, inscrita nos códigos, na linguagem comum das instituições sociais.

Esse *a priori* conduzia a um certo paradoxo. Para assegurar o triunfo da objetividade social e da objetividade da linguagem sobre a filosofia "individualista" das Luzes, Bonald devia reavaliar as formulações mais "materialistas" dessa filosofia. Para rejeitar toda anterioridade do pensamento sobre a linguagem, para negar à inteligência qualquer direito à pesquisa da verdade que lhe fosse própria, ele deveria se alinhar com aqueles que haviam reduzido as operações do espírito ao puro mecanismo das sensações materiais e dos signos da linguagem; e isso até o ponto de zombar daqueles monges do Monte Athos que, contemplando o movimento de seu umbigo, se acreditavam habitados pela inspiração divina.[34] Assim, a conaturalidade entre os signos da linguagem e as ideias do entendimento, que o século XVIII havia buscado e que o trabalho dos Ideólogos havia perseguido, se via recuperada, invertida em proveito de um primado do instituído, no âmbito de uma visão teocrática e sociocrática da inteligência. "O homem, escreve o Visconde, pensa sua fala antes de falar seu pensamento."[35] Teoria materialista da linguagem que não oculta o pio pensamento que a anima: "Guardiã fiel e perpétua do sagrado legado das verdades fundamentais da ordem social, a sociedade, considerada em geral, as dá a conhecer a todos os seus filhos, à medida em que entram na grande família."[36]

Face a esses pensamentos fortes, uma mão enraivecida rabiscou em seu exemplar as seguintes linhas: "Compare-se a toda essa tagarelice escandalosa a resposta do oráculo sobre a sábia ignorância de Sócrates."[37] Não é a mão de Joseph Jacotot, mas a do colega de M. de Bonald

---

[34] Bonald, *Recherches philosophiques sur les premiers objets des connaissances morales*, Paris, 1818, t. I, p. 67.

[35] Bonald, *Législation primitive considérée dans les premiers temps par les seules lumières de la raison, Œuvres complètes*, Paris, 1859, p. 1161.

[36] *Recherches philosophiques...*, p. 105.

[37] Maine de Biran, "Les Recherches philosophiques de M. de Bonald", in *Œuvres complètes*, Paris, 1939, t. XII, p. 252.

na Câmara, o Cavaleiro Maine de Biran que, um pouco adiante, derruba em duas linhas todo o edifício do Visconde: a anterioridade dos signos da linguagem nada muda à preeminência do ato intelectual que, para cada filho de homem, lhes fornece sentido: "O homem só aprende a falar ligando ideias às palavras que recebe de sua ama." Coincidência surpreendente, à primeira vista. Para começar, vê-se mal que pode estar aproximando o antigo lugar-tenente das guardas de Luís XVI e o antigo capitão dos exércitos do ano I; o castelão administrador e o professor da Escola Normal Central; o revolucionário exilado e o deputado da Câmara monárquica. Na melhor das hipóteses – pode-se cogitar – o fato de o primeiro contar vinte anos quando do início da Revolução, ter abandonado aos vinte e cinco anos o tumulto parisiense e ter meditado longamente, à distância, sobre o sentido e a virtude que poderia assumir, em meio a tantas transformações, o velho adágio socrático. Jacotot o entende à maneira dos moralistas, Maine de Biran como os metafísicos. Ainda assim, eles conservam uma visão comum, que sustenta a mesma afirmação do primado do pensamento sobre os signos da linguagem: uma mesma avaliação da tradição analítica e ideológica, no seio da qual um e outro formaram o pensamento. Não é mais na transparência recíproca dos signos da linguagem e das ideias do entendimento que se deve buscar o conhecimento de si e o poder da razão. O arbitrário da vontade – revolucionária e imperial – recobriu inteiramente essa terra prometida das línguas bem feitas a que outrora aspirava a razão. E a certeza do pensamento é anterior às transparências da linguagem – sejam elas republicanas ou teocráticas. Ela se apoia sobre seu ato próprio: a tensão do espírito que precede e orienta as combinações de signos. A divindade da época revolucionária e imperial – a vontade, reencontra sua racionalidade no seio do esforço de cada um sobre si mesmo, da autodeterminação do espírito como atividade. A inteligência é atenção e busca, antes de ser combinação de ideias. A vontade é potência de se mover, de agir segundo movimento *próprio*, antes de ser instância de escolha.

Uma vontade servida por uma inteligência

Essa mudança fundamental encontra-se registrada em nova reviravolta da definição de homem: o homem é uma vontade servida *por uma inteligência*. A vontade é o poder racional a ser desatrelado das querelas dos *ideístas* e dos *coisistas*. É também nesse sentido que se deve precisar a igualdade cartesiana do *cogito*. Opor-se-á a esse sujeito pensante que só se conhecia como tal divorciando-se de todo sentido e de todo corpo, um novo sujeito pensante que se experimenta na ação que exerce sobre si mesmo, tanto quanto sobre os corpos. Dessa forma, segundo os princípios do Ensino Universal, Jacotot fazia sua própria *tradução* da célebre análise cartesiana do pedaço de cera: "Eu quero olhar e vejo. Quero escutar e ouço. Quero tatear e meu braço se estende, passeia pela superfície dos objetos ou penetra em seu interior; minha mão se abre, se desenvolve, se estende, se fecha, meus dedos se afastam ou se aproximam para obedecer à minha vontade. Nesse ato de tateio, só conheço minha vontade de tatear. Essa vontade não é nem meu braço, nem minha mão, nem meu cérebro, nem o tateio. Essa vontade sou eu, é minha alma, é minha potência, é minha faculdade. Sinto essa vontade, ela está presente em mim, ela sou eu; quanto à maneira como sou obedecido, não a sinto, não a conheço senão por seus atos [...] Considero a ideificação como um tatear. Tenho sensações quando me apraz: ordeno a meus sentidos fornecê-las. Tenho ideias quando quero: ordeno a minha inteligência buscá-las, tatear. A mão e a inteligência são escravos, cada uma com suas atribuições. O homem é uma vontade servida por uma inteligência."[38]

Tenho ideias quando quero. Descartes conhecia o poder da vontade sobre o entendimento. Porém, ele o conhecia, justamente, como poder do falso, como causa de erro: a precipitação em *afirmar*, apesar da ideia não ser clara e distinta. É preciso dizer, ao contrário, que é a falta de vontade que faz errar a inteligência. O pecado original do espírito não é a precipitação – é a distração, é a ausência. "Agir sem vontade ou sem reflexão não produz um ato intelectual. O efeito que daí resulta não pode ser classificado entre as produções da inteligência, nem comparado com elas. Na inação, não se pode ver nem mais, nem menos ação; não há nada. O idiotismo não é uma faculdade, é a ausência ou o sono ou o repouso dessa faculdade."[39]

O ato da inteligência é ver e comparar o que vê. Ela o faz, inicialmente, segundo o acaso. É-lhe preciso procurar repetir, criar as condições para ver de novo o que ela já viu, para ver fatos semelhantes, para ver fatos que poderiam ser a causa do que ela viu. É-lhe preciso, ainda, formar palavras, frases, figuras, para dizer aos outros o que viu. Em suma, por mais que isso incomode aos gênios, o modo mais frequente de exercício da inteligência é a repetição. E a repetição é enfadonha. O primeiro vício é o da preguiça. É mais fácil se ausentar, ver pela metade, dizer o que não se vê, dizer o

---

[38] *Journal de l'emancipation intellectuelle*, t. IV, 1836-1837, p. 430-431.

[39] *Enseignement universel. Droit et philosophie panecastique*, Paris, 1838, p. 278.

que se acredita ver. Assim se formam frases de ausências, os *logo* que não traduzem qualquer aventura do espírito. "Eu não posso" é o exemplo dessas frases de ausência. "Eu não posso" não é o nome de nenhum fato. Nada se passa no espírito que corresponda a essa asserção. A rigor, ela não *quer* dizer nada. De forma que a palavra se carrega ou se esvazia de acordo com a vontade, que contrai ou relaxa a ação da inteligência. A significação é obra de vontade. Esse é o segredo do Ensino Universal. É também esse o segredo daqueles que são chamados gênios: o trabalho incessante para dobrar o corpo aos hábitos necessários, para ordenar à inteligência novas ideias, novas maneiras de exprimi-las; para refazer intencionalmente o que o acaso produziu e transformar circunstâncias infelizes em boas ocasiões de sucesso: "Isso é verdade para os oradores, como para as crianças. Eles se formam em assembleias, como nós nos formamos na vida [...] Aquele que eventualmente fez rir de si na última sessão podia aprender a fazer rir sempre e quando quisesse, se estudasse todas as relações que levaram a essas vaias que o desconcertaram, fechando-lhe para sempre a boca. Esse foi o início de Demóstenes. Ele aprendeu, fazendo, sem querer, que dele se risse, como poderia excitar reações contra Ésquines. Mas Demóstenes não era preguiçoso. Ele não podia sê-lo."[40]

Um indivíduo pode tudo o que quiser, proclama ainda o Ensino Universal. Mas não nos enganemos sobre o que esse *querer* significa. O Ensino Universal não é a chave do sucesso oferecida aos empreendedores pela exploração dos prodigiosos poderes da vontade. Nada seria mais contrário ao pensamento da emancipação do que esse reclame de

---

[40] *Enseignement universel. Langue maternelle*, 6ᵉ ed., Paris, 1836, p. 330.

circo. E o Mestre se irrita quando os discípulos abrem sua escola sob a insígnia de *Quem quer, pode*. A única insígnia que vale é a da *igualdade das inteligências*. O Ensino Universal não é um método de hussardos. É bem verdade que os ambiciosos e os conquistadores lhe fornecem uma comprovação selvagem. Sua paixão é uma fonte insaciável de ideias e eles se tornam rapidamente capazes de comandar generais, sábios ou financistas cuja ciência ignoram. Mas o que nos interessa não é esse efeito teatral. O que os ambiciosos ganham de poder intelectual não se julgando inferiores a ninguém, eles tornam a perder considerando-se superiores a todos os outros. O que nos interessa é a exploração dos poderes de cada homem, quando ele se julga igual a todos os outros e julga todos os outros iguais a si. Por vontade, compreendemos essa volta sobre si do ser racional que se conhece como capaz de agir. Essa fonte de racionalidade, essa consciência, essa estima de si como ser racional em ato que alimenta o movimento da inteligência. O ser racional é, antes de tudo, um ser que conhece sua potência, que jamais se mente a esse respeito.

O princípio da veracidade

Há duas mentiras fundamentais: a daquele que proclama *eu digo a verdade* e a daquele que afirma *eu não posso dizer*. O ser razoável que se volta sobre si mesmo sabe o nada dessas duas proposições. O fato primeiro é a impossibilidade de se ignorar a si próprio. O indivíduo não pode mentir a si próprio, somente pode se esquecer. "Eu não posso" é, assim, uma frase de esquecimento de si, de que o indivíduo razoável abdicou. Nenhum gênio maligno pode se interpor entre a consciência e seu ato.

Mas é preciso, também, inverter o adágio socrático. *Ninguém é voluntariamente mau*, proclamava ele. Diremos o inverso: "Toda asneira vem do vício."[41] Ninguém erra, senão por maldade, isto é, por preguiça, por desejo de não mais ouvir falar do que um ser razoável deve a si mesmo. O princípio do mal não está em uma consciência errada sobre o bem que é o fim da ação. Está na infidelidade a si. *Conhece-te a ti mesmo* não quer mais dizer, à maneira platônica: saiba onde está teu bem. Mas sim: volta a ti, ao que em ti não pode te enganar. Tua impotência não é mais do que preguiça em caminhar. Tua humildade não é senão temor orgulhoso de tropeçar ante o olhar dos outros. Tropeçar não é nada; o mal está em divagar, sair de seu caminho, não mais prestar atenção ao que se diz, esquecer-se do que se é. Segue, portanto, *teu* caminho.

O princípio de *veracidade* está no coração da experiência de emancipação. Ele não é a chave de nenhuma ciência, senão a relação privilegiada de cada um com a verdade – aquela que o coloca em seu caminho, em sua órbita de pesquisador. É o fundamento moral do poder de conhecer. E essa fundação ética do poder de conhecer é um pensamento da época, um fruto da meditação sobre a experiência revolucionária e imperial. No entanto, a maior parte dos pensadores da época pensa diferentemente de Jacotot. Para eles, a verdade que rege o assentimento intelectual se identifica ao laço que une os homens. A verdade é o que os congraça; o erro é rompimento e solidão. A sociedade, sua instituição, o objetivo que persegue, eis o que define o querer com o qual o indivíduo deve se identificar, para atingir uma percepção justa. Assim pensam Bonald,

---

[41] *Enseignement universel. Langue maternelle*, 6ᵉ ed., Paris, 1836, p. 33.

o teocrata e, em seguida, Buchez, o socialista, ou Auguste Comte, o positivista. Menos severos são os ecléticos, com seu senso comum e suas grandes verdades escritas no coração de cada um, filósofo ou sapateiro. Contudo, são todos homens de agregação. E Jacotot rompe com isso. Que se diga, se assim se deseja, que a verdade congraça. Porém o que congraça *homens*, o que os une, é a não agregação. Afugentemos a representação desse cimento social que petrifica as cabeças pensantes do período pós-revolucionário. Os homens se unem porque são homens, isto é, seres *distantes*. A linguagem não os reúne. Ao contrário, é sua arbitrariedade que, forçando-os a traduzir, os põe em comunicação de esforços – mas, também, em comunidade de inteligência: o homem é um ser que sabe muito bem quando aquele que fala não sabe o que diz.

A verdade não agrega absolutamente os homens. Ela não se dá a eles. Ela existe independente de nós, e não se submete ao despedaçamento de nossas frases. "A verdade existe por si mesma; ela é o que é e não o que é dito. Dizer depende do homem; mas a verdade não depende."[42] Mas nem por isso ela nos é estrangeira, e não estamos exilados de seu país. A experiência de *veracidade* nos liga a seu núcleo ausente, nos faz dar voltas em torno de seu centro. Podemos, primeiramente, ver e mostrar verdades. Assim, "ensinei o que ignoro" é uma verdade. É o nome de um fato que existiu, que pode se reproduzir. Quanto à razão desse fato, ela é, por hora, uma opinião, e isso pode durar talvez para sempre. Mas, com essa opinião, damos voltas em torno da verdade, de frases em frases. O essencial é não mentir, não dizer que se viu quando se

---

[42] *Journal de l'emancipation intellectuelle*, t. IV, 1836-1837, p. 187.

A razão dos iguais

manteve os olhos fechados, não contar senão o que se viu, não acreditar que se deu uma explicação quando tudo o que se fez foi nomear.

Assim, cada um de nós descreve, em torno da verdade, sua parábola. Não há duas órbitas semelhantes. E é por isso que os explicadores põem nossa revolução em perigo. "Essas órbitas das concepções humanitárias se cruzam raramente, e não têm senão alguns pontos em comum. As linhas mistas que descrevem jamais coincidem sem uma perturbação que suspende a liberdade e, por conseguinte, o uso da inteligência que dela deriva. O aluno sente que ele jamais teria seguido o caminho em que acaba de ser precipitado; e se esquece de que há mil sendas abertas para a vontade nos espaços intelectuais."[43] Essa coincidência de órbitas é o que denominamos embrutecimento. Compreendemos porque o embrutecimento é tão mais profundo quanto essa coincidência se faz mais sutil, menos perceptível. É por isso que o método socrático, aparentemente tão próximo do Ensino Universal, representa a forma mais temível de embrutecimento. O método socrático da interrogação que pretende conduzir o aluno a seu próprio saber, é, de fato, aquele de um amestrador de cavalos: "Ele comanda as evoluções, as marchas e contramarchas. De sua parte, conserva o repouso e a dignidade do comando durante o manejo do espírito que está dirigindo. De desvios em desvios, o espírito chega a um fim que não havia sequer entrevisto quando da partida. Ele se espanta, se volta, percebe seu guia, o espanto se transforma em admiração e essa admiração

---

[43] *Enseignement universel. Droit et philosophie panécastique*, Paris, 1838, p. 42.

o embrutece. O aluno sente que, sozinho e abandonado a si mesmo, ele não teria seguido essa rota."[44]

Ninguém tem relação com a verdade, se não está em sua órbita própria. Que ninguém se gabe, no entanto, dessa singularidade, proclamando: *Amicus Plato, sed magis amica veritas!* Essa é uma frase teatral. Aristóteles, que a profere, não faz diferente de Platão. Como ele, relata suas opiniões, narra suas aventuras intelectuais, colhe em seu caminho algumas verdades. Quanto à verdade, ela não confia em filósofos que se dizem seus amigos, ela só é amiga de si mesma.

A razão e a língua

A verdade não se diz. Ela é uma e a linguagem despedaça, ela é necessária e as línguas são arbitrárias. Antes mesmo da proclamação do Ensino Universal, essa tese da arbitrariedade das línguas fez do ensino de Jacotot objeto de escândalo. Sua aula inaugural em Louvain havia tomado por tema essa questão, herdada do século XVIII de Diderot e do abade Batteux: seria natural a construção "direta", que dispõe o sujeito antes do verbo e do atributo? Teriam os escritores franceses direito de considerar essa construção como marca da superioridade intelectual de sua língua? Ele tomava o partido da negativa. Com Diderot, julgava a ordem "inversa" tão natural, ou mais, do que a dita ordem natural, acreditava a linguagem do sentimento anterior à da análise. Mas, sobretudo, recusava a própria ideia de uma ordem natural e as hierarquias que poderia induzir. Todas as línguas eram igualmente

---

[44] *Enseignement universel. Droit et philosophie panécastique*, Paris, 1838, p. 41.

arbitrárias. Não havia língua da inteligência, língua mais universal do que as outras.

A réplica não tardaria. No número seguinte do *Observateur Belge*, revista literária de Bruxelas, um jovem filósofo, Van Meenen, denunciava essa tese como uma caução teórica fornecida à oligarquia. Cinco anos mais tarde, após a publicação da *Língua materna*, era a vez de um jovem jurista próximo a Van Meenen, que havia acompanhado e, mesmo, publicado os cursos de Jacotot, inflamar-se. Em seu *Essai sur le livre de Monsieur Jacotot*, Jean Sylvain Van de Weyer admoesta o professor de francês que, juntamente com Bacon, Hobbes, Locke, Harris, Condillac, Dumarsais, Rousseau, Destutt de Tracy e Bonald, ousa ainda sustentar que o pensamento é anterior à linguagem.

A posição desses jovens e impetuosos contraditores é fácil de compreender. Eles representam a jovem Bélgica, patriota, liberal e francófone, em estado de insurreição intelectual contra a dominação holandesa. Destruir a hierarquia das línguas e a universalidade da língua francesa era, para eles, dar vantagem à língua da oligarquia holandesa, língua atrasada, da fração menos civilizada, mas também língua secreta do poder. Seguindo-os, o *Courrier de la Meuse* acusará o "método Jacotot" de chegar no momento certo para impor sem maiores dificuldades a língua e a civilização – entre aspas – holandesas. Mas as coisas foram ainda mais profundas. Os jovens defensores da identidade belga e da pátria intelectual francesa haviam lido, eles também, as *Recherches philosophiques* do Visconde de Bonald. Da obra, haviam retirado uma ideia fundamental: a analogia entre as leis da linguagem, as leis da sociedade e as leis do pensamento, sua unidade de princípio com a lei divina. Eles, sem dúvida, se afastavam, quanto ao resto, da mensagem filosófica e política do Visconde. Eles queriam uma monarquia nacional e constitucional, e pretendiam que o espírito encontrasse livremente em si as grandes verdades metafísicas, morais e sociais inscritas pela divindade no coração de cada um. Seu líder filosófico era um jovem professor de Paris, chamado Victor Cousin. Na tese da arbitrariedade das línguas eles viam a irracionalidade introduzir-se no cerne da comunicação, nesse caminho da descoberta do verdadeiro, em que a meditação do filósofo deveria comunicar-se com o senso comum do homem do povo. No paradoxo do leitor de Louvain, eles viam perpetuado o vício desses filósofos que "frequentemente confundiram em seus ataques, sob o nome de preconceitos, tanto os erros funestos cujo berço haviam descoberto bem próximo a eles, quanto as verdades fundamentais a que imputavam a mesma origem, porque a eles a verdadeira permanecia oculta, em profundezas inexpugnáveis ao bisturi da argumentação e ao microscópio de uma verbosa metafísica, onde há muito haviam desaprendido a descer, se deixando guiar unicamente pela claridade de um senso reto e de um coração simples."[45]

O fato é: Jacotot não deseja *reaprender* esse tipo de descida. Ele não *escuta* as frases em cascatas com esse senso reto e esse coração simples. Ele nada quer com essa liberdade medrosa que se garante no acordo das leis do pensamento com as leis da linguagem e aquelas da sociedade. A liberdade não se garante por nenhuma harmonia preestabelecida. Ela se toma, ela se conquista e se perde somente pelo esforço de cada um. E não existe razão assegurada por já estar escrita nas construções da língua e das leis da cidade. As leis da língua nada têm a ver com a

---

[45] *L'Observateur belge*, 1818, t. XVI, nº 426, p. 142-143.

A razão dos iguais

razão e as leis da cidade têm tudo a ver com a desrazão. Se há lei divina, é o pensamento em si mesmo, em sua veracidade sustentada, que se faz a única testemunha. O homem não pensa *porque* fala – isso seria, precisamente, submeter o pensamento à ordem material existente – o homem pensa porque existe.

Resta que o pensamento deve se dizer, se manifestar por obras, se comunicar a outros seres pensantes. Ele deve fazê-lo através de línguas de significações arbitrárias. Mas nada justifica que se veja nisso um obstáculo para a comunicação. Somente os preguiçosos tremeriam frente à ideia desse arbitrário, vendo-o como o túmulo da razão. Ao contrário, é porque não há código dado pela divindade, língua da língua, que a inteligência humana emprega toda a sua arte em se fazer entender e em entender o que a inteligência vizinha lhe significa. O pensamento não se diz em *verdade*, ele se exprime em *veracidade*. Ele se divide, ele se relata, ele se traduz por um outro que fará, para si, um outro relato, uma outra tradução, com uma única condição: a vontade de comunicar, a vontade de *adivinhar* o que o outro pensou e que nada, afora seu relato, garante, que nenhum dicionário universal explica como deve ser entendido. A vontade adivinha a vontade. É nesse esforço comum que toma sentido a definição de homem como *uma vontade servida por uma inteligência*. "Penso e quero comunicar meu pensamento: imediatamente minha inteligência emprega, com arte, signos quaisquer, os combina, os compõe, os analisa – e eis uma expressão, uma imagem, um fato material que será, desde então, para mim o retrato de um pensamento, isto é, de um fato imaterial. A cada vez que contemplá-lo, este retrato me recordará meu pensamento, sobre o qual então pensarei. Posso, assim, falar a mim mesmo quando quiser. No entanto, um dia eu me encontro face a outro homem: eu repito, em sua presença, meus gestos e palavras e ele, se assim o quiser, vai me adivinhar [...] Ora, não se pode convir com palavras a significação de palavras. Um quer falar, o outro quer adivinhar – eis tudo. Desse concurso de vontades resulta um pensamento visível para dois homens, ao mesmo tempo. A princípio, ele existe imaterialmente para alguém que, em seguida, o diz a si mesmo, dando-lhe uma forma para seu ouvido ou para seus olhos; e que, enfim, deseja que essa forma, que esse ser material reproduza para um outro homem o mesmo pensamento primitivo. Essas criações ou, se assim se prefere, essas metamorfoses são o efeito de duas vontades que se ajudam entre si. Assim, o pensamento torna-se palavra; depois, esta palavra, ou vocábulo, volta a ser pensamento; uma ideia se faz matéria e essa matéria se faz ideia; e tudo isso é o efeito da vontade. Os pensamentos voam de um espírito a outro nas asas da palavra. Cada vocábulo é enviado com a intenção de carregar um só pensamento, mas, apesar disso, essa palavra, esse vocábulo, essa larva se fecunda pela vontade do ouvinte; e o representante de uma mônada torna-se o centro de uma esfera de ideias que irradiam em todos os sentidos, de forma que o falante, para além do que quis dizer, disse realmente uma infinidade de coisas; ele formou o corpo de uma ideia com tinta, e essa matéria destinada a envolver misteriosamente um só ser imaterial contém realmente um mundo desses seres, desses pensamentos."[46]

Talvez agora se compreenda melhor a razão dos prodígios do Ensino Universal: os recursos que põe em ação

---

[46] *Enseignement universel. Droit et philosophie panécastique*, Paris, 1838, p. 11-13.

são simplesmente os de toda situação de comunicação entre dois seres racionais. A relação de dois ignorantes com o livro que eles não *sabem* ler somente radicaliza esse esforço de todos os instantes, para traduzir e contratraduzir os pensamentos em palavras e as palavras em pensamentos. Essa vontade que preside à operação não é uma receita de taumaturgo. Ela é esse desejo de compreender e de se fazer compreender, sem o qual nenhum homem jamais daria sentido às materialidades da linguagem. É preciso entender *compreender* em seu verdadeiro sentido: não o derrisório poder de suspender os véus das coisas, mas a potência de tradução que confronta um falante a outro falante. É essa mesma potência que permite ao "ignorante" arrancar o segredo do livro "mudo". Não há, contrariamente ao ensinamento do *Fedro*, dois tipos de discursos, um dos quais privado do poder de "se socorrer a si próprio" e condenado a sempre dizer estupidamente a mesma coisa. Toda palavra, dita ou escrita, é uma tradução que só ganha seu sentido na contratradução, na invenção das causas possíveis para o som que ouviu ou para o traço escrito: vontade de adivinhar que se apega a todos os indícios, para saber o que tem a lhe dizer um animal racional que a considera como a alma de um outro animal racional.

Talvez agora se compreenda melhor, igualmente, o escândalo que faz de *relatar* e de *adivinhar* as duas operações mestras da inteligência. Sem dúvida os dizedores de verdade e os espíritos superiores conhecem outras maneiras de transformar o espírito em matéria e a matéria em espírito. Compreende-se que eles as calem aos profanos. Para esses últimos, como para todo ser racional, resta, assim, esse movimento da palavra que é, ao mesmo tempo, distância conhecida e sustentada em relação à verdade e consciência de humanidade, desejosa de comunicar-se com outras e de verificar sua similitude com elas. "O homem é condenado a sentir e se calar ou, se quer falar, a falar indefinidamente, pois ele sempre tem o que retificar, para mais ou para menos, naquilo que acaba de dizer [...] porque, o que quer que se diga, é preciso apressar-se em acrescentar: não é isso; e, como a retificação não é mais plena do que o primeiro dito, tem-se, nesse fluxo e refluxo, um meio perpétuo de improvisação."[47]

Improvisar é, como se sabe, um dos exercícios canônicos do Ensino Universal. Mas é, antes ainda, o exercício da virtude primeira de nossa inteligência: a virtude *poética*. A impossibilidade que é a nossa de *dizer* a verdade, mesmo quando a *sentimos*, nos faz falar como poetas, narrar as aventuras de nosso espírito e verificar se são compreendidas por outros aventureiros, comunicar nosso sentimento e vê-lo partilhado por outros seres sencientes. A improvisação é o exercício pelo qual o ser humano se conhece e se confirma em sua natureza de ser razoável, isto é, de animal "que faz palavras, figuras, comparações para contar o que pensa a seus semelhantes".[48] A virtude de nossa inteligência está menos em saber, do que em fazer. "Saber não é nada, *fazer* é tudo". Mas esse fazer é, fundamentalmente, ato de comunicação. E, portanto, "*falar* é a melhor prova da capacidade de fazer o que quer que seja".[49] No ato de palavra, o homem não transmite seu saber, ele poetiza, traduz e convida os outros a fazer a mesma coisa. Ele se comunica como *artesão*: alguém que maneja as palavras como instrumentos. O homem se comunica com o homem por meio de obras

---

[47] *Enseignement universel. Droit et philosophie panécastique*, Paris, 1838, p. 231.

[48] *Enseignement universel. Musique*, 3ª ed., Paris, 1830, p. 163.

[49] *Ibidem*, p. 314.

de sua mão, tanto quanto por palavras de seu discurso: "Quando o homem age sobre a matéria, as aventuras desse corpo tornam-se a história das aventuras de seu espírito".[50] E a emancipação do artesão é, antes de mais nada, a retomada dessa história, a consciência de que sua atividade material é da natureza do discurso. Ele se comunica como *poeta*: um ser que crê que seu pensamento é comunicável, sua emoção, partilhável. Por isso, o exercício da palavra e a concepção de qualquer obra como discurso são um prelúdio para toda aprendizagem, na lógica do Ensino Universal. É preciso que o artesão *fale* de suas obras para se emancipar; é preciso que o aluno fale da arte que quer aprender. "Falar das obras dos homens é o meio de conhecer a arte humana."[51]

Eu também sou pintor

Daí o estranho método pelo qual o Fundador, entre outras loucuras, fez aprender o desenho e a pintura. Primeiro, ele pede ao aluno para falar sobre o que vai representar. Por exemplo, um desenho a ser copiado. Seria perigoso dar à criança explicações sobre as medidas que deve tomar antes de começar sua obra. Sabe-se porque: o risco é que com isso a criança se sinta incapaz. Partir-se-á, portanto, da vontade que a criança tem de imitar. Mas essa vontade será *verificada*. Alguns dias antes de colocar um lápis em suas mãos, ser-lhe-á oferecido um desenho, para que observe e ser-lhe-á pedido que dê conta do que observou. Ela talvez diga, à princípio, poucas coisas, do gênero: "Essa cabeça é bonita." Mas o exercício será

---

[50] *Droit et philosophie panécastique*, p. 91.

[51] *Enseignement universel. Musique*, 3ª ed., Paris, 1830, p. 347.

repetido, a mesma cabeça lhe será reapresentada, sendo-lhe solicitado que observe ainda e que de novo fale, mesmo que seja para repetir o que já disse. Assim ela se tornará mais atenta, mais consciente de sua capacidade, mais capaz de imitar. Nós sabemos a razão desse efeito, que é completamente diferente da memorização visual e do adestramento gestual. O que a criança *verificou* por meio desse exercício é que a pintura é uma linguagem, que o desenho que lhe é dado a imitar lhe fala. Mais tarde, ela será colocada diante de um quadro e lhe será solicitado que improvise acerca da *unidade de sentimento* presente, por exemplo, nessa pintura de Poussin que representa o enterro de Fócion. Os especialistas, sem dúvida, se indignarão: como pretender saber que é isso que Poussin quis colocar em seu quadro? O que esse discurso hipotético tem a ver com a arte pictural de Poussin e com aquela que o aluno deve adquirir?

Responder-se-á que não se pretende saber o que Poussain quis fazer; o exercício consiste apenas em imaginar o que ele pode ter querido fazer. Verifica-se, dessa forma, que todo *saber fazer* é um *querer dizer* e que esse *querer dizer* se dirige a todo ser razoável. Em suma, verifica-se que o *ut poesis pictura*, que os artistas do Renascimento haviam reivindicado invertendo o adágio de Horácio, não é o saber reservado unicamente aos artistas: a pintura, como a escultura, a gravura e qualquer outra arte é uma língua que pode ser compreendida e falada por qualquer um que tenha inteligência de sua língua. Em matéria de arte, como se sabe, "eu não posso" se traduz habitualmente por "isso não me diz nada". A verificação da "unidade de sentimento", isto é, do querer dizer da obra, será, assim, meio de emancipação para aquele que "não sabe" pintar, o exato equivalente da verificação, no que respeita ao livro, da igualdade de inteligências.

Decerto o que se pretende não é, longe disso, fazer obras de arte. Os visitantes que apreciam as composições literárias dos alunos de Jacotot frequentemente torcem o nariz diante de seus desenhos e pinturas. Não se trata de formar grandes pintores, mas homens emancipados, capazes de dizer *eu também sou pintor* – fórmula em que não entra qualquer orgulho mas, bem ao contrário, o justo sentimento do poder de todo ser razoável. "Não há orgulho em dizer, em voz alta: Eu também sou pintor! O orgulho consiste em dizer baixinho, sobre os outros: Vocês também não são pintores"[52] E *eu também sou pintor* significa: eu também tenho uma alma, sentimentos a comunicar a meus semelhantes. Método do Ensino Universal que é idêntico à sua moral: "Diz-se, no Ensino Universal, que todo homem que tem alma nasceu com a alma. Acredita-se, no Ensino Universal, que o homem sente prazer e pena e que só incumbe a ele saber quando, como e por que concurso de circunstâncias experimentou essa pena ou esse prazer [...] Mais ainda, o homem sabe que há outros seres que a ele se assemelham e aos quais poderá comunicar os sentimentos que experimenta, desde que os situe nas circunstâncias às quais deve suas penas e seus prazeres. Assim que ele conhece o que o comoveu, ele pode se exercitar em comover os outros, se ele estuda a escolha e o emprego dos meios de comunicação. É uma língua que ele deve aprender."[53]

---

[52] *Enseignement universel. Langue maternelle*, 6e ed., Paris, 1836, p. 149.

[53] *Enseignement universel. Musique*, 3ª ed., Paris, 1830, p. 322.

A lição dos poetas

É preciso *aprender*. Todos os homens têm em comum essa capacidade de experimentar o prazer e a pena. Mas essa similitude não é, para cada um, senão uma virtualidade a ser verificada. E ela só pode sê-lo através do longo caminho do dissemelhante. Devo verificar a razão de meu sentimento, mas não posso fazê-lo aventurando-os nessa floresta de signos que, por si sós, não *querem* dizer nada, não mantêm qualquer acordo. O que se concebe bem, repita-se com Boileau, se enuncia claramente. Essa frase não quer dizer nada. Como todas as frases que deslizam sub-repticiamente do pensamento para a matéria, ela não exprime nenhuma aventura intelectual. Bem conceber é próprio do homem razoável. Bem enunciar é uma obra de artesão, que supõe o exercício dos instrumentos da língua. É bem verdade que o homem razoável tudo pode fazer. Mas ele deve aprender a língua própria a cada uma das coisas que quer fazer: sapato, máquina ou poema. Consideremos, por exemplo, essa terna mãe, que vê seu filho voltar de uma longa guerra. Ela experimenta uma comoção que não lhe permite falar. Mas "esses longos abraços; esses enleios de um amor que parece temer uma nova separação; esses olhos onde a alegria brilha, em meio a lágrimas; essa boca que sorri, para servir de intérprete para a equívoca linguagem do choro; esses beijos, esses olhares, essa atitude, esses suspiros, mesmo esse silêncio"[54], em resumo, toda essa *improvisação* não é muito mais eloquente do que os poemas? Sentis a emoção. Experimentai, entretanto, comunicá-la: é preciso transmitir a instantaneidade dessas ideias e desses sentimentos que se contradizem e se nuançam

---

[54] *Enseignement universel. Langue maternelle*, 6ᵉ ed., Paris, 1836, p. 281.

até o infinito, fazê-los viajar no maqui de palavras e frases. E isso não se inventa. Pois, nesse caso, seria preciso supor um *tertius* entre a individualidade desse pensamento e a língua comum. O que implicaria em uma outra língua: mas como seu inventor seria entendido? É preciso aprender, buscar nos livros os instrumentos dessa expressão. Decerto que não nos livros dos gramáticos: eles ignoram completamente essa viagem. E, não no livro dos oradores: eles não buscam se fazer *adivinhar*, eles querem se fazer *escutar*. Eles nada querem dizer, eles querem comandar: ligar as inteligências, submeter as vontades, forçar a ação. É preciso aprender com aqueles que trabalharam o abismo entre o sentimento e a expressão, entre a linguagem muda da emoção e o arbitrário da língua, com os que tentaram fazer escutar o diálogo mudo da alma com ela mesma, que comprometeram todo o crédito de sua palavra no desafio da similitude dos espíritos.

Aprendamos, portanto, com esses poetas decorados com o título de gênios. São eles que nos revelarão o segredo dessa palavra imponente. O segredo do gênio é o do Ensino Universal: aprender, repetir, imitar, traduzir, decompor, recompor. No século XIX, é bem verdade, certos gênios começam a invocar uma inspiração mais do que humana. Mas os clássicos não partilham do alimento desse tipo de gênios. Racine não tem vergonha de ser o que é: um miserável. Ele aprende Eurípides e Virgílio *de cor, como um papagaio*. Ele procura traduzi-los, decompõe suas expressões, as recompõe de outra maneira. Ele sabe que ser poeta é traduzir duas vezes: traduzir em versos franceses a dor de uma mãe, a cólera de uma rainha ou a fúria de uma amante é também traduzir a tradução que Eurípides ou Virgílio fizeram. Do *Hipólito* de Eurípides é preciso *traduzir* não somente Fedro – o que era de se esperar – mas, também, Atalie e Josabeth. Pois Racine não se ilude sobre o que faz. Não acredita conhecer melhor os sentimentos humanos do que seus ouvintes. "Se Racine conhecesse melhor do que eu o coração de uma mãe, ele perderia seu tempo tentando me dizer o que leu: eu jamais encontraria sua observação em minhas lembranças, e não ficaria comovido. Esse grande poeta supõe, exatamente, o contrário: ele só trabalha, só se esforça tanto, apaga cada palavra, modifica cada expressão porque espera que seus leitores compreenderão tudo, precisamente, como ele próprio compreende."[55] Como todo criador, Racine aplica instintivamente o Método – isto é, a moral – do Ensino Universal. Ele sabe que não existem homens de *grandes pensamentos*, somente homens de *grandes expressões*. Ele sabe que todo o poder do poeta se concentra em dois atos: a tradução e a contratradução. Ele sabe que, em certo sentido, o poema é sempre a ausência de um outro poema: como poema mudo que a ternura de uma mãe ou a fúria de uma amante improvisam. Em poucos raros efeitos, o primeiro se aproxima do segundo, até o ponto de imitá-lo – como em Corneille – em uma ou três sílabas: *Eu!* ou, ainda, *Que morra!* De resto, está suspenso pela contratradução que fará o ouvinte. É essa contratradução que produzirá a emoção do poema; é essa "esfera de ideias reluzentes" que reanimará as palavras. Todo o esforço, todo o trabalho do poeta é de suscitar essa aura em torno de cada palavra da expressão. É por isso que ele analisa, disseca, traduz as expressões dos outros, que ele apaga e corrige sem cessar as suas. Ele se esforça para tudo

---

[55] *Enseignement universel. Langue maternelle*, 6ᵉ ed., Paris, 1836, p. 284.

dizer, sabendo que não se pode dizer tudo, mas que é essa tensão incondicional do *tradutor* que abre a possibilidade de outra tensão, de outra vontade: a língua não permite dizer tudo, e "é preciso que eu recorra e meu próprio gênio, ao gênio de todos os homens, para adivinhar o que Racine quis dizer, o que ele diria na qualidade de homem, o que ele diz quando não fala, o que não pode dizer enquanto não é somente poeta."[56]

Modéstia verdadeira do "gênio", isto é, do artista emancipado: ele emprega toda sua potência, toda sua arte em nos mostrar seu poema como ausência de um outro, cujo conhecimento ele nos concede o crédito de possuir tão bem quanto ele próprio. "Acreditamo-nos Racine e temos razão." Essa crença nada tem a ver com uma pretensão qualquer de ilusionista. Ela não implica, de nenhuma maneira, que nossos versos valem os de Racine, nem que o valerão em breve. Significa, para começo, que nós entendemos o que Racine tem a nos dizer, que seus pensamentos não são absolutamente de espécie diferente dos nossos e que suas expressões se completam apenas pela nossa contratradução. Nós sabemos, antes de mais nada, *por ele mesmo*, que somos homens iguais a ele. E, igualmente por seu intermédio, conhecemos a potência da língua que nos faz sabê-lo por meio do arbitrário dos signos. Nossa "igualdade" com Racine, nós a conhecemos como o fruto do trabalho de Racine. Seu gênio é de ter realizado sua obra sobre as bases do princípio da igualdade das inteligências, de não ter se acreditado superior àqueles a quem falava, de ter inclusive trabalhado para que aqueles que prediziam que ele passaria como o vento. Resta-nos

---

[56] *Enseignement universel. Langue maternelle*, 6ᵉ ed., Paris, 1836, p. 282.

verificar essa igualdade, conquistar essa potência por nosso trabalho. Isso não significa: fazer tragédias iguais àquelas de Racine, mas empregar tanta atenção, tanta pesquisa da arte para relatar o que sentimos e dá-lo a experimentar aos outros, por meio do arbitrário da língua ou da resistência de toda matéria à obra de nossas mãos. A lição emancipadora do artista, oposta termo a termo à lição embrutecedora do professor, é a de que cada um de nós é artista, na medida em que adota dois procedimentos: não se contentar em ser homem de um ofício, mas pretender fazer de todo trabalho um meio de expressão; não se contentar em sentir, mas buscar partilhá-lo. O artista tem necessidade de igualdade, tanto quanto o explicador tem necessidade de desigualdade. E ele esboça, assim, o modelo de uma sociedade razoável, onde mesmo aquilo que é exterior à razão – a matéria, os signos da linguagem – é transpassado pela vontade razoável: a de relatar e de fazer experimentar aos outros aquilo pelo que se é semelhante a eles.

A comunidade dos iguais

Pode-se, assim, sonhar com uma sociedade de emancipados, que seria uma sociedade de artistas. Tal sociedade repudiaria a divisão entre aqueles que sabem e aqueles que não sabem, entre os que possuem e os que não possuem a propriedade da inteligência. Ela não conheceria senão espíritos ativos: homens que fazem, que falam do que fazem e transformam, assim, todas as suas obras em meios de assinalar a humanidade que neles há, como nos demais. Tais homens saberiam que ninguém nasce com mais inteligência do que seu vizinho, que a superioridade que alguém manifesta é somente o fruto de uma aplicação tão encarniçada ao exercício de manejar as palavras quanto a aplicação de outro a manejar instrumentos; que a inferioridade de outrem é a consequência de circunstâncias que não o obrigaram a buscar mais. Em suma, eles saberiam que a perfeição alcançada por um ou outro em sua *arte* não é mais do que a aplicação particular do poder comum a todo ser razoável, que qualquer um pode experimentar quando se retira para esse espaço íntimo da consciência em que a mentira já não faz mais sentido. Eles saberiam que a dignidade do homem é independente de sua posição, que "o homem não nasceu para tal ou tal posição particular, mas para ser feliz em si mesmo, independentemente da sorte"[57], e que esse reflexo de sentimento que brilha nos olhos de uma esposa, de um filho ou de um amigo queridos apresenta para uma alma sensível objetos bastante próprios a satisfazê-la.

Tais homens não perderiam seu tempo criando falanstérios onde as vocações respondessem às paixões ou comunidades de iguais, organizações econômicas capazes de distribuir harmoniosamente as funções e os recursos comuns. Para unir o gênero humano, não há melhor laço do que essa inteligência idêntica em todos. É ela a justa medida do semelhante, iluminando a doce inclinação do coração que nos leva à ajuda e ao amor recíprocos. É ela que fornece ao semelhante os meios de aquilatar a dimensão dos serviços que pode esperar do semelhante e de preparar, por sua vez, as condições para testemunhar-lhe seu reconhecimento. Mas não falemos à moda dos utilitaristas. O principal serviço que o homem pode esperar do homem refere-se a essa faculdade de comunicar entre si o prazer e

---

[57] *Enseignement universel. Langue maternelle*, 6ᵉ ed., Paris, 1836, p. 243.

a pena, a esperança e o medo, para se comoverem reciprocamente: "Se os homens não tivessem a faculdade, uma faculdade igual, de se comoverem e de se enternecerem reciprocamente, eles se tornariam rapidamente estrangeiros uns aos outros; eles se dispersariam ao acaso sobre o globo e as sociedades se dissolveriam [...] O exercício dessa potência é, ao mesmo tempo, o mais doce de todos os nossos prazeres e a mais imperiosa de todas as nossas necessidades."[58]

Não nos perguntemos, portanto, quais seriam as leis desse povo de sábios, seus magistrados, suas assembleias e tribunais. O homem que obedece à razão não tem necessidade de leis, nem de magistrados. Os estoicos já sabiam disso: a virtude que se conhece a si própria é potência para todas as outras. Mas sabemos que essa razão não é privilégio dos sábios. Os insensatos são os únicos a fazer questão da desigualdade e da dominação, a querer *ter* razão. A razão começa ali onde cessam os discursos ordenados pelo objetivo de ter razão, e onde se reconhece a igualdade: não uma igualdade decretada por lei ou pela força, nem uma igualdade recebida passivamente, mas uma igualdade em ato, *verificada* a cada passo por esses caminhantes, que, em sua constante atenção a si próprios e em sua infinita revolução em torno da verdade, encontram as frases próprias para se fazerem compreender pelos outros.

De modo que é preciso inverter as questões dos zombeteiros. Como, se perguntam eles, uma coisa como a igualdade das inteligências é pensável? E como sua opinião poderia se instalar, sem provocar desordem na sociedade? É preciso perguntar, ao contrário, como

---

[58] *Enseignement universel. Musique*, 3ª ed., Paris, 1830, p. 338.

A razão dos iguais

a inteligência é possível sem a igualdade? A inteligência não é potência de compreensão, que se encarregaria ela própria de comparar seu saber a seu objeto. Ela é potência de se fazer compreender, que passa pela verificação do outro. E somente o igual compreende o igual. *Igualdade* e *inteligência* são termos sinônimos, assim como *razão* e *vontade*. Essa sinonímia que funda a capacidade intelectual de cada homem é também aquela que torna uma sociedade em geral possível. A igualdade das inteligências é o laço comum do gênero humano, a condição necessária e suficiente para que uma sociedade de homens exista. "Se os homens se considerassem como iguais, a constituição estaria logo pronta."[59] É verdade que nós não sabemos que os homens são iguais. Nós dizemos que eles *talvez* sejam. Essa é a nossa opinião e nós buscamos, com aqueles que acreditam nisso como nós, verificá-la. Mas nós sabemos que esse *talvez* é exatamente o que torna uma sociedade de homens possível.

---

[59] *Journal de philosophie panécastique*, t. V, 1838, p. 265.

CAPÍTULO QUARTO

A sociedade do desprezo

Mas não há sociedade possível! Há somente a sociedade que existe. Nós nos perdíamos em nossos sonhos, eis que batem à nossa porta. É o enviado do Ministério da Instrução Pública, que vem comunicar a M. Jacotot o decreto real acerca das condições requeridas para manter uma escola no território do reino. É o oficial delegado pela Escola Militar de Delft, para pôr ordem nessa bizarra Escola Normal Militar de Louvain. É o carteiro, trazendo a última publicação dos *Annales Academiæ Lovaniensis*, com a *oratio* de nosso colega Franciscus Josephus Dumbeck a investir contra o Método Universal – novo corruptor da juventude: "*Cum porro educatio universum populum amplectatur, cujus virtus primaria posita est in unitatis concentu, perversa methodus hanc unitatem solvit, civitatemque scindit in partes sibi adversas [...] Absit tamen hic a nostra patria furor! Enitendum est studiosis juvenibus, ut literarum et pulchri studio ducti non solum turpem desidiam fugiant ut gravissimum malum; sed ut studeant Pudori illi et Modestiae, jam antiquitus divinis honoribus cultæ. Sic tantum optimi erunt civis, legum vindices, bonarum artium doctores, divinorum præceptorum interpretes, patriæ defensores, gentis totius decora [...] Tu quoque haec Audi, Regia Majestas! Tibi enim civium tuorum, eorumque adeo juvenum, cura demandata est. Officium est sacrum dissipandi ejusmodi magistros, tollendi has scholas umbraticas"*[60]. *Annales Academiæ Lovaniensis*, vol. IX, 1825-1826, p. 216, 220, 222.

O reino dos Países-Baixos é pequeno, mas civilizado como qualquer grande Estado. Nele, a autoridade pública elege como uma de suas primeiras preocupações a educação das jovens almas e a harmonia dos corações cidadãos. Aí, a possibilidade de abrir uma escola não é dada a qualquer um, sobretudo não a alguém que não somente não apresenta certificado de capacidade, mas ainda orgulha-se de ensinar o que ignora, excitando os zombeteiros contra mestres, submestres, reitores, inspetores, comissários e ministros que têm uma ideia um pouco mais elevada de seus deveres para com a juventude e a ciência. *Absit hic a nostra patria furor!* Digamo-lo à nossa maneira: "Levantando sua ignóbil cabeça, o embrutecimento grita-me: para trás, inovador insensato! A espécie de que queres me privar está ligada a mim por laços indissolúveis! Eu sou aquele que foi, que é e que será sobre a Terra, enquanto as almas habitarem corpos de argila. Hoje, mais do que nunca, não podes esperar sucesso. Eles acreditam estar fazendo progressos e suas opiniões são solidamente estabelecidas sobre esse pivô; rio-me de teus esforços; eles não se moverão."[61]

---

[60] *"Ainda que a educação envolva a totalidade do povo e que sua primeira virtude resida na harmonia unitária, um método perverso destrói essa unidade e cinde a sociedade em dois partidos opostos [...] Afugentemos essa loucura de nosso país. Os jovens estudiosos devem se esforçar, não somente guiados pelo amor pelo belo e pelas letras, para fugir à preguiça como o mal mais grave, mas também para se apegarem a esse Pudor, a essa Modéstia celebrados desde sempre pela Antiguidade com honras divinas. Somente assim serão cidadãos de elite, vingadores das leis, mestres da virtude, intérpretes dos mandamentos divinos, defensores da pátria, honra de toda uma raça [...] E tu, também, escuta, Real Majestade! Pois é a ti que foi confiado o cuidado de teus sujeitos, sobretudo nessa tenra idade. É um dever sagrado aniquilar mestres dessa têmpera, suprimir essas escolas de trevas." Annales Academiæ Lovaniensis,* vol. IX, 1825-1826, pp. 216, 220, 222.

[61] *Journal de l'emancipation intellectuelle*, t. III, 1835-1836, p. 223.

As leis da gravidade

Nós nos perdíamos contemplando a rotação dos espíritos pensantes em torno da verdade. Os movimentos da matéria obedecem, entretanto, a outras leis: as da atração e da gravitação. Todos os corpos se precipitam estupidamente para o centro. Havíamos dito que nada se devia induzir das folhas aos espíritos e da matéria ao imaterial. A inteligência não segue as leis da matéria. Isso, porém, só é válido para a inteligência de cada indivíduo tomado separadamente: ela é indivisível, sem comunidade, sem partilha. Ela não pode, portanto, ser propriedade de nenhum conjunto, sem o que ela não mais seria propriedade das partes. Logo, é preciso concluir que a inteligência está somente nos indivíduos, mas que ela não está em sua *reunião*. "A inteligência está em cada unidade intelectual; a reunião dessas unidades é necessariamente inerte e sem inteligência [...] Na cooperação de duas moléculas intelectuais que nomeamos homens, há duas inteligências; elas têm a mesma natureza, mas não há inteligência única que presida essa reunião. Na matéria, a gravidade é força única a animar a massa e as moléculas; na classe dos seres intelectuais, a inteligência somente dirige indivíduos: sua reunião está submetida às leis da matéria."[62]

Havíamos observado indivíduos racionais atravessar camadas de materialidade linguística para significarem mutuamente seus pensamentos. Mas esse comércio só é possível sobre as bases de uma relação inversa, que submete a reunião das inteligências às leis de qualquer congregação – as leis da matéria. Esse é o pivô material do embrutecimento: para se *religarem* entre si, as inteligências imateriais devem

---

[62] *Mélanges posthumes*, p. 118.

estar submetidas às leis da matéria. A livre revolução de cada inteligência em torno do ausente astro da verdade, o voo distante da livre comunicação sobre as asas da palavra encontram-se contrariados, desviados pela gravitação universal em direção ao centro do universo material. Tudo se passa como se a inteligência vivesse em um mundo dual. E talvez seja necessário conceder algum crédito à hipótese dos maniqueístas: eles viam desordem na criação, explicando-a pelo concurso de duas inteligências. Não é só que haja um princípio do bem e um princípio do mal. É, mais profundamente, que dois princípios inteligentes não fazem *uma* criação inteligente. Quando o Visconde de Bonald proclama a restauração da inteligência divina, ordenadora da linguagem e da sociedade humana, alguns homens de progresso são tentados a reabilitar, em contraposição, as hipóteses dos heresiarcas e dos maniqueístas. Eles comparam os poderes da inteligência dos sábios e inventores aos sofismas e às desordens das assembleias deliberantes, identificando a ação de dois princípios antagônicos. Assim o fazem J. Bentham e seu discípulo J. Mill, testemunhas da loucura das assembleias conservadoras inglesas, e J. Jacotot, testemunha da loucura das assembleias revolucionárias francesas.

Não acusemos, porém, de forma precipitada a divindade ausente, nem desculpemos levianamente os autores dessas loucuras. Talvez seja preciso simplificar a hipótese: a divindade é una, a criatura é que é dupla. A divindade deu à criatura uma vontade e uma inteligência para responder às necessidades de sua existência. Ela as concedeu aos indivíduos, não à espécie. A espécie não tem necessidade nem de uma, nem de outra. Ela não precisa cuidar de sua conservação. São os indivíduos que a conservam. Somente

A sociedade do desprezo

eles precisam de uma vontade razoável, para guiar livremente a inteligência posta a seu serviço. Em troca, não existe qualquer razão a esperar do conjunto social. Ele existe porque existe, eis tudo. E ele só pode ser arbitrário. Sabemos em que condição ele poderia se fundar na natureza: no caso da desigualdade das inteligências. Nesse caso, como vimos, a ordem social seria natural: "As leis humanas, as leis de convenção, seriam inúteis para conservá-la. A obediência a essas leis não seria mais um dever, nem uma virtude; derivaria da superioridade da inteligência de cádis e janízaros; e esta espécie comandaria, pela mesma razão que o homem reina sobre os animais."[63]

Bem vemos que não é assim. Logo, apenas a convenção pode reinar na ordem social. Mas seria a convenção necessariamente desarrazoada? Observamos que o arbitrário da língua não consistia em qualquer prova contra a racionalidade da comunicação. Poder-se-ia, portanto, imaginar uma outra hipótese: que cada uma das vontades individuais que compõem o gênero humano seja razoável. Nesse caso, tudo se passaria como se o gênero humano fosse, ele próprio, razoável. As vontades se harmonizariam e as assembleias humanas seguiriam uma linha reta, sem solavancos, sem desvios, sem aberrações. Como conciliar, porém, uma tal uniformidade com a liberdade de vontades individuais que podem, cada uma, quando melhor lhe apraz, usar ou não a razão? "O momento da razão para um corpúsculo não é o mesmo para os átomos vizinhos. Sempre há, em cada instante, razão, irreflexão, paixão, calma, atenção, vigília, sono, repouso, caminhada, em todos os sentidos; *logo*, em um dado instante, uma corporação,

---

[63] *Enseignement universel. Langue étrangère*, 2ᵉ ed., Paris, 1829, p. 75.

uma nação, uma espécie, um gênero estão, ao mesmo tempo, na razão e na desrazão, e o resultado não depende em nada da vontade dessa massa. *Logo*, é precisamente porque cada homem é livre que uma reunião de homens não o é."[64]

O Fundador sublinhou os seus *logo*: não é uma verdade incontestável que ele nos apresenta, é uma suposição, uma aventura de seu espírito que ele está narrando, a partir dos fatos que observou. Já vimos que o espírito, a aliança da vontade e da inteligência, conhecia duas modalidades fundamentais: a atenção e a distração. Basta que haja distração, que a inteligência se disperse, para que seja levada pela gravitação da matéria. Eis porque alguns filósofos e teólogos explicam o pecado original como uma simples distração. Nesse sentido, podemos dizer com eles que o mal não é mais do que ausência. Mas sabemos, também, que essa ausência é uma recusa. Aquele que se distrai *não vê por que razão* deveria prestar atenção. A distração é, de início, preguiça, desejo de subtrair-se ao esforço. A própria preguiça não é, todavia, torpor da carne, ela é ato de um espírito que subestima sua própria potência. A comunicação razoável se funda na igualdade entre a estima de si e a estima dos outros. Ela favorece a contínua verificação dessa igualdade. A preguiça que faz com que as inteligências caiam na gravidade material tem por princípio o desprezo. Esse desprezo procura se fazer passar por modéstia: *eu não posso*, diz o ignorante que pretende abster-se da tarefa de aprender. Sabemos por experiência o que essa modéstia significa. O desprezo por si é sempre, também, desprezo pelos outros. *Eu não posso*, diz o aluno que não quer

---

[64] *Mélanges posthumes*, p. 116.

submeter sua improvisação ao julgamento de seus pares. Não compreendo vosso método, diz o interlocutor, não sou competente, nada sei sobre o assunto. Compreende-se rapidamente o que isso quer dizer: "Isso não é o senso comum, pois *eu não compreendo*; um homem como eu!"[65] E assim ocorre em todas as idades e em todas as camadas da sociedade. "Esses seres que se pretendem desafortunados pela natureza não querem mais do que pretextos para se dispensarem do estudo que lhes desagrada, do exercício de que não gostam. Quereis uma prova? Esperai um instante, deixai que falem; escutai até o fim. Não ouvis, por detrás da precaução oratória desse modesto personagem que não tem, diz ele, espírito poético, a solidez de julgamento que ele se atribui? Que perspicácia a distingui-lo! Nada lhe escapa: e, se o deixais livre, a metamorfose enfim se opera; eis a modéstia transformada em orgulho. Os exemplos estão em todas as vilas, como em todas as cidades. Reconhece-se a superioridade de outrem, em um gênero, para melhor fazer reconhecer nossa própria, em outro gênero; e não é difícil ver, na continuação de seu discurso, que nossa superioridade sempre acaba por ser, a nossos olhos, a superioridade superior."[66]

A paixão da desigualdade

Pode-se, portanto, atribuir a causa da distração pela qual a inteligência consente com o destino da matéria a uma só paixão: o desprezo, a paixão pela desigualdade. Não é o amor pela riqueza nem por qualquer bem que perverte a vontade, é a necessidade de pensar sob o signo

---

[65] *Enseignement universel. Musique*, 3ª ed., Paris, 1830, p. 52.

[66] *Enseignement universel. Langue maternelle*, 6ᵉ ed., Paris, 1836, p. 278.

da desigualdade. A esse respeito, Hobbes fez um poema mais *atento* do que Rousseau: o mal social não vem do primeiro que pensou em dizer "Isso me pertence"; ele vem do primeiro que pensou em dizer: "Não és igual a mim". A desigualdade não é a consequência de nada, ela é uma paixão primitiva; ou, mais exatamente, ela não tem outra causa, a não ser a igualdade. A paixão pela desigualdade é a vertigem da igualdade, a preguiça diante da enorme tarefa que ela requer, o medo diante de um ser racional que se respeita a si próprio. É mais fácil se *comparar*, estabelecer a troca social como um comércio de glória e de desprezo em que, a cada inferioridade que se confessa, recebe-se, em contrapartida, uma superioridade. Assim, a igualdade dos seres racionais vacila na desigualdade social. Para permanecer em nossa metáfora cosmológica, diremos que é a vontade da *preponderância* que submeteu a vontade livre ao sistema material da gravidade, que fez com que o espírito caísse no mundo cego da gravitação. É a desrazão da desigualdade que faz o indivíduo renunciar a si próprio, à incomensurável imaterialidade de sua essência, e engendra a agregação como fato e o reino da ficção coletiva. O amor da dominação obriga os homens a se protegerem uns dos outros, no seio de uma ordem convencional que não pode ser razoável, posto que somente é feita da desrazão de cada um, dessa submissão à lei de outrem que o desejo de lhe ser superior fatalmente acaba por implicar. "Esse ser de nossa imaginação a que chamamos gênero humano se compõe da loucura de cada um de nós, sem participar de nossa sabedoria individual."[67]

---

[67] *Enseignement universel. Langue maternelle*, 6ᵉ ed., Paris, 1836, p. 91.

A sociedade do desprezo

Não acusemos, pois, a necessidade cega ou o destino desafortunado da alma presa a um corpo de argila e submetida à divindade maléfica da matéria. Não há nem divindade maléfica, nem massa fatal, nem mal radical. Apenas essa paixão, ou essa ficção da desigualdade, que desenvolve suas consequências. Por isso, pode-se descrever a submissão social de duas maneiras aparentemente contraditórias. Pode-se dizer que a ordem social está submetida a uma necessidade material irrevogável, que ela roda como os planetas, segundo leis eternas que nenhum indivíduo pode mudar. Mas pode-se, igualmente, dizer que ela não é mais do que uma ficção. E que nenhum gênero, espécie, corporação tem qualquer realidade. Somente os indivíduos são reais, somente eles têm uma vontade e uma inteligência; a totalidade da ordem que os submete ao gênero humano, às leis da sociedade e às diversas autoridades não é mais do que uma criação da imaginação. Estes dois modos de falar acabam por se equivaler: é a desrazão de cada um que cria e recria, incessantemente, essa massa arrasadora, essa ficção derrisória à qual cada cidadão deve submeter sua vontade, mas da qual, também, cada homem tem meios de subtrair sua inteligência. "O que fazemos, o que dizemos nos tribunais, como nas assembleias, na guerra, é regido por suposições. Tudo é ficção: somente a consciência e a razão de cada um de nós é invariável. O estado de sociedade é, aliás, fundado nesses princípios. Se o homem obedecesse à razão, leis, magistrados, tudo seria inútil; mas as paixões o conduzem: ele se revolta, e por isso é punido de maneira humilhante. Cada um de nós se encontra forçado a buscar em um o apoio contra o outro [...] É evidente que, a partir do momento em que os homens se põem em sociedade para buscar proteção uns contra os outros, essa necessidade recíproca anuncia uma alienação da razão, que não promete qualquer resultado razoável. O que pode a sociedade, senão nos acorrentar ao estado infeliz a que nós mesmos nos votamos!"[68]

Assim, o mundo social não é apenas o mundo da não razão, mas o da desrazão, isto é, de uma atividade da vontade pervertida, possuída pela paixão da desigualdade. Continuamente, os indivíduos, ligando-se uns aos outros pela comparação, reproduzem esta desrazão, esse embrutecimento que as instituições codificam e que os explicadores solidificam nos cérebros. Essa produção da desrazão é um trabalho no qual os indivíduos empregam tanta arte e tanta inteligência quanto o fariam para a comunicação razoável das obras de seu espírito. Simplesmente, esse trabalho é um trabalho de luto. A guerra é a lei da ordem social. Não imaginemos, entretanto, sob esse nome de guerra, nenhuma fatalidade de forças materiais, nenhum desencadeamento de hordas dominadas por instintos bestiais. A guerra, como qualquer obra humana, é, antes de tudo, ato de palavra. Mas essa palavra recusa a aura de ideias irradiantes do contratradutor suscitado por uma outra inteligência ou por um outro discurso. A inteligência não mais se ocupa de adivinhar e de se fazer adivinhar. Ela tem por objetivo o silêncio do outro, a ausência de réplica, a queda dos espíritos na agregação material do consentimento.

A vontade pervertida não cessa de empregar a inteligência, mas sobre a base de uma *distração* fundamental. Ela habitua a inteligência a só ver o que concorre para a preponderância, o que serve para anular outra

---

[68] *Enseignement universel. Langue maternelle*, 6ᵉ ed., Paris, 1836, p. 362-363.

inteligência. O universo da desrazão social é feito de vontades servidas por inteligências. No entanto, cada uma dessas vontades dá por sua missão destruir uma outra vontade, impedindo a outra inteligência de ver. E sabemos que este resultado não é muito difícil de se obter. Basta deixar agir a radical exterioridade da ordem da língua em relação à ordem da razão. A vontade razoável, guiada por sua ligação distante com a verdade e por sua vontade de falar a seu semelhante, controla essa exterioridade, ela a supera pela força da atenção. A vontade distraída, tendo abandonado a via da igualdade, fará uso contrário dessa exterioridade, sobre o modo retórico, para precipitar a agregação dos espíritos, sua queda no universo da atração material.

A loucura retórica

Poder da retórica, dessa arte de *raciocinar* que se esforça em anular a razão. Desde que as revoluções da Inglaterra e da França reinstalaram o poder das assembleias deliberantes no centro da vida política, espíritos curiosos renovaram a grande interrogação de Platão e de Aristóteles sobre esse poder da falsificação, que imita o poder da verdade. Assim, em 1816 o genebrino Étienne Dumont traduziu para o francês o *Traité des sophismes parlamentaires* de seu amigo Jeremy Bentham. Jacotot não menciona essa obra, mas sua marca está sensível nos desenvolvimentos da *Langue maternelle* consagrados à retórica. Como Bentham, Jacotot coloca no centro de sua análise a desrazão das assembleias deliberantes. O léxico que ele usa para falar do assunto é bastante próximo daquele empregado por Dumont. E sua análise da falsa modéstia lembra o capítulo de Bentham sobre o argumento *ad verecundiam*.[69] Se é a mesma comédia cujas engrenagens um e outro desmontam, seu olhar e sua moral diferem, contudo, radicalmente. Bentham polemiza contra as assembleias conservadoras inglesas. Ele mostra a devastação produzida pelo argumento de autoridade que, em diferentes roupagens, é empregado pelos beneficiários da ordem existente para se opor a qualquer reforma progressista. Ele denuncia as alegorias que hipostasiam a ordem instituída, as palavras que lançam, conforme a oportunidade, um véu róseo ou sinistro sob as coisas, os sofismas que servem para assimilar qualquer proposição de reforma ao espectro da anarquia. Para ele, esses sofismas se explicam pelo jogo de interesses, seu sucesso pela fraqueza intelectual das raças parlamentares e pelo estado de servidão em que a autoridade os mantém. De forma que os homens desinteressados e formados para a liberdade podem combatê-los eficazmente. E Dumont, menos impetuoso que seu amigo, insiste na esperança razoável que assimila a marcha das instituições morais à das ciências físicas. "Não haveria em moral, como em física, erros que a filosofia fez desaparecer? [...] É possível atacar os falsos argumentos até o ponto em que eles não mais ousem se

---

[69] "A cada vez que se assinala um vício de nossas instituições, propondo-se um remédio, levanta-se imediatamente um grande funcionário que, sem discutir a proposição, exclama, com ar compungido: Eu não estou preparado para examinar a questão, confesso minha incapacidade etc. Mas eis o sentido escondido dessas palavras: Se um homem como eu, bem colocado e dotado de um gênio proporcional a essa dignidade, confessa sua incapacidade, quanto não haveria de presunção, quanto não haveria de loucura de parte daqueles que pretendem ter uma opinião já formada! É um método indireto de intimidação; é a arrogância, sob um tênue véu de modéstia." *Traité des sophismes parlementaires*, trad. Regnault, Paris, 1840, p. 84.

mostrar. Não tomo por prova mais do que a doutrina tanto tempo famosa, mesmo na Inglaterra, sobre o *direito divino dos reis* e sobre a *obediência passiva* dos povos."[70]

Assim, é possível confrontar, na própria cena política, os princípios da razão desinteressada com os sofismas do interesse privado. Isso supõe a cultura de uma razão que opõe a exatidão de suas denominações às analogias, às metáforas e alegorias que invadiram o campo da política, criando seres a partir de palavras, forjando por meio dessas palavras raciocínios absurdos e, dessa forma, ocultando a verdade com o véu do preconceito. De forma que "a expressão figurada de *corpo político* produziu um grande número de ideias falsas e bizarras. Uma analogia unicamente fundada em metáforas serviu de base para pretensos argumentos e a poesia invadiu o domínio da razão".[71] A essa linguagem figurada, cuja figuração concede ao interesse não razoável todos os seus disfarces, é possível opor uma linguagem verdadeira, onde as palavras recubram exatamente as ideias.

Jacotot rejeita tal otimismo. Não há linguagem da razão. Há somente um controle da razão sobre a intenção de falar. A linguagem poética que se reconhece como tal não contradiz a razão. Ao contrário, ele recomenda a cada sujeito falante não tomar o relato de suas aventuras de espírito pela voz da verdade. Cada sujeito falante é o poeta de si próprio e das coisas. A perversão se introduz quando esse poema se dá por outra coisa além do poema, quando pretende se impor como verdade e forçar a ação. A retórica é uma poesia pervertida. Isso quer dizer também que, em sociedade, não se sai da ficção. A metáfora é solidária com a demissão original da

---

[70] Dumont, prefácio de Bentham, *Tactique des assemblées parlementaires*, Genève, 1816, p. XV.

[71] *Ibidem*, p. 6.

vontade. O corpo político é uma ficção, mas uma ficção não é uma expressão figurada, à qual se poderá opor uma definição exata do conjunto social. Há, de fato, uma lógica dos corpos à qual ninguém pode, *como sujeito político*, se subtrair. O homem pode ser dotado de razão, o cidadão não pode sê-lo. Não há retórica razoável, não há discurso político razoável.

A retórica, como se disse, tem por princípio a guerra. Não busca a compreensão, mas o aniquilamento da vontade adversa. A retórica é uma palavra de revolta contra a condição poética do ser falante. Ela fala para fazer calar. *Tu não falarás mais, não pensarás mais, tu farás o seguinte*, tal é seu programa. Sua eficácia é regulada por sua própria suspensão. A razão ordena que se fale sempre, a desrazão retórica não fala senão para fazer advir o momento do silêncio. Momento do ato, dir-se-ia habitualmente, em homenagem àquele que da palavra faz uma ação. Mas esse momento é, muito pelo contrário, o da falta de ato, da inteligência ausente, da vontade subjugada, dos homens submetidos à única lei da gravidade. "Os sucessos do orador são obra do momento; ele suspende um decreto como se assalta uma fortificação [...] A extensão dos períodos, a ordem literária, a elegância, todas as qualidades do estilo não se constituem no mérito de semelhantes discursos. É uma frase, uma palavra, por vezes uma entonação, um gesto que despertaram o povo adormecido e levantaram a massa, que sempre tende a recair por força de seu próprio peso. Enquanto Manlius pode mostrar o Capitólio, esse gesto o salvou. A cada vez que Fócion podia aproveitar a oportunidade de dizer uma frase, Demóstenes era vencido. Mirabeau o havia compreendido, ele, que dirigia os movimentos, comandava as pausas através de frases e palavras;

A sociedade do desprezo

respondia-se-lhe em três pontos, ele replicava, discutia longamente, para mudar, pouco a pouco, a disposição dos espíritos; em seguida, abandonando abruptamente os hábitos parlamentares, ele fechava a discussão com uma só palavra. Por mais longo que seja o discurso de um orador, não é seu tamanho, não são seus desenvolvimentos que lhe concedem a vitória; o mais frágil antagonista oporá períodos a períodos, desenvolvimentos a desenvolvimentos. O orador é aquele que triunfa; é aquele que pronunciou a palavra, a frase que fez pesar a balança".[72]

Vê-se que essa superioridade se julga a si própria: ela é a superioridade da gravidade. O homem superior que faz pesar a balança será sempre aquele que pressente melhor quando e como ela vai pesar. O que melhor submete os outros é aquele que se submete a si próprio. E submetendo-se à sua própria desrazão, ele faz triunfar a desrazão da massa. Sócrates já ensinava a Alcibíades, como a Cálicles: quem pretende ser mestre do povo é forçado a ser seu escravo. Enquanto Alcibíades diverte-se com a figura simplória de um sapateiro, em sua barraca, e glosa sobre a estupidez *dessas pessoas*, o filósofo se contenta em lhe replicar: "Por que então não vos sentis mais à vontade, quando se trata de falar perante essas pessoas?"[73]

Os inferiores superiores

Isso funcionava antigamente, dirá o espírito superior, habituado à grave palavra das assembleias censitárias; isso

---

[72] *Enseignement universel. Langue maternelle*, 6ᵉ ed., Paris, 1836, p. 328-329.

[73] *Journal de l'émancipation intellectuelle*, t. IV, 1836-1837, p. 357.

valia para as assembleias demagógicas, compostas pela escumalha, que giravam feito cata-vento de Demóstenes a Ésquines, de Ésquines a Demóstenes. Examinemos, porém, melhor as coisas. Essa *estupidez* que leva o povo ateniense a inclinar-se, ora por Ésquines, ora por Demóstenes, tem um conteúdo muito preciso. O que o faz inclinar-se, alternativamente, ora para um, ora para outro, não é sua ignorância ou sua versatilidade. É que cada um sabe, em um instante preciso, encarnar melhor a estupidez específica do povo ateniense: o sentimento de sua evidente superioridade sobre o povo imbecil dos tebanos. Em resumo, o móvel que faz girar as massas é o mesmo que anima os espíritos superiores, o mesmo que faz girar a sociedade sobre si própria, de geração em geração: o sentimento da desigualdade das inteligências – esse sentimento que, para distinguir os espíritos superiores, os confunde na crença universal. Ainda hoje, o que permite ao pensador desprezar a inteligência do operário, senão o desprezo do operário pelo camponês, do camponês por sua mulher, de sua mulher pela esposa do vizinho e, assim, indefinidamente? A desrazão social encontra sua fórmula resumida no que se poderia chamar de paradoxo dos *inferiores superiores*: cada um se submete àquele que considera como seu inferior, estando submetido à lei da massa pela própria pretensão de se distinguir.

Não oponhamos, pois, a essas assembleias demagógicas a serenidade radiosa de assembleias de notáveis graves e respeitáveis. Em toda parte onde homens se agregam sob as bases de sua superioridade, eles se sujeitam à lei das massas materiais. Uma assembleia oligárquica, uma reunião de "pessoas honradas", ou de gente de "capacidade", obedecerá, portanto, bem mais provavelmente à estúpida lei da matéria, do que uma assembleia democrática. "Um senado tem uma conduta que não pode mudar por si próprio, e o orador que o encoraja a manter-se no caminho que segue e no sentido da marcha que já empreende é sempre mais bem sucedido do que todos os outros."[74] Appius Claudius, o homem da oposição radical a qualquer reivindicação da plebe, foi o orador senatorial por excelência, porque compreendeu melhor do que qualquer outro a inflexibilidade do movimento que atraía para "sua" direção própria as cabeças da elite romana. Sua máquina retórica, a máquina dos homens superiores, engasgou, como se sabe, uma só vez: quando os plebeus se reuniram no Aventino. Nesse dia, para evitar o desastre, foi preciso um louco – isso é, um homem razoável – capaz dessa extravagância impossível, e incompreensível para Appius Claudius: ir escutar os plebeus, supondo que suas bocas emitiam uma língua e não apenas um punhado de ruídos; falar-lhes, supondo que eles tinham inteligência para compreender as palavras dos espíritos superiores; em resumo, considerá-los como seres igualmente razoáveis.

A parábola do Aventino relembra o paradoxo da ficção desigualitária: a desigualdade social não é concebível, possível, senão sobre a base da igualdade primeira das inteligências. A desigualdade não pode se pensar a ela própria. Em vão, até Sócrates aconselha a Cálicles que, para sair do círculo do mestre-escravo, ele aprenda a verdadeira igualdade, que é proporção, de modo a assim entrar no círculo daqueles que pensam a justiça a partir da geometria. A cada vez que há casta, o superior submete sua razão à lei do inferior. Uma assembleia de

---

[74] *Enseignement universel. Langue maternelle*, 6ᵉ ed., Paris, 1836, p. 339.

filósofos é um corpo inerte que gira sobre o eixo de sua própria desrazão, a desrazão de todos. Em vão, a sociedade desigualitária busca se compreender a si própria, dar-se fundamentos naturais. É precisamente porque não há qualquer razão natural para a dominação que a convenção comanda, e comanda absolutamente. Os que explicam a dominação pela superioridade recaem na velha aporia: o superior cessa de sê-lo quando cessa de dominar. Monsieur le Duc de Lévis, acadêmico e Par de França, inquieta-se com as consequências sociais do sistema Jacotot: se a igualdade das inteligências é proclamada, como as mulheres obedecerão a seus maridos, e os administrados a seus administradores? Não estivera o Senhor Duque *distraído*, como todos os espíritos superiores, ele observaria que é seu sistema, o da desigualdade das inteligências, que é subversivo da ordem social. Se a autoridade depende da superioridade intelectual, o que acontecerá no dia em que o administrado, convencido, ele também, da desigualdade das inteligências, acreditar reconhecer um imbecil, na figura de seu prefeito? Não lhe será preciso, então, testar ministros e prefeitos, burgomestres e chefes de gabinete, afim de verificar sua superioridade? E como assegurar-se de que jamais se meterá entre eles um imbecil qualquer, cujo defeito, reconhecido, levará os cidadãos à desobediência?

Somente os partidários da igualdade das inteligências podem compreender isto: se o cádi se faz obedecer por seus escravos, o branco pelos negros, é porque ele não lhes é nem superior, nem inferior em inteligência. Se as circunstâncias e as convenções separam e hierarquizam os homens, criando a dominação e forçando à obediência, é porque elas são as únicas a poder fazê-lo. "É precisamente porque nós somos todos iguais por natureza que devemos ser todos desiguais pelas circunstâncias."[75]A igualdade permanece a única razão da desigualdade. "A sociedade só existe pelas distinções e a natureza não apresenta senão igualdades. É impossível que a igualdade subsista de fato por muito tempo; mas, mesmo quando destruída, ela permanece ainda a única explicação razoável para as distinções convencionais."[76]

A igualdade das inteligências ainda faz mais pela desigualdade: ela prova que a abolição da ordem existente seria tão pouco razoável quanto essa própria ordem. "Se me fosse perguntado: o que pensais da organização das sociedades humanas? Esse espetáculo me parece contrário à natureza, responderia eu. Nada, aí, está em seu lugar, posto que há lugares diferentes para seres não diferentes. De tal modo que, quando se propõe à razão mudar esta ordem, ela é obrigada a reconhecer sua insuficiência. Ordem por ordem, lugares por lugares, diferenças por diferenças – não há qualquer motivo razoável para a mudança."[77]

O rei filósofo e o povo soberano

Assim, a igualdade permanece a única capaz de explicar uma desigualdade que os desigualitários serão sempre impotentes para pensar. O homem razoável conhece a razão da desrazão cidadã. No entanto, ele a reconhece, ao mesmo tempo, como insuperável. Ele é o único a conhecer o círculo da desigualdade. Mas ele próprio, na condição de cidadão, aí está preso. "Não

---

[75] *Enseignement universel. Langue maternelle*, 6ᵉ ed., Paris, 1836, p. 109.

[76] *Enseignement universel. Musique*, 3ª ed., Paris, 1830, p. 194-195.

[77] *Ibidem*, p. 195.

COLEÇÃO "EDUCAÇÃO: EXPERIÊNCIA E SENTIDO"

há senão uma razão: ora, ela não organizou a ordem social. De forma que a felicidade não poderia estar presente."[78] Os filósofos, sem dúvida, têm razão em denunciar aqueles que buscam racionalizar a ordem existente. Esta ordem não tem razão. Mas eles se iludem, perseguindo a ideia de uma ordem social enfim racional. São bastante conhecidas duas figuras extremas e simétricas dessa pretensão: o velho sonho platônico do rei filósofo e o sonho moderno da soberania do povo. Não resta dúvida de que, como qualquer outro homem, um rei também pode ser filósofo. Mais precisamente, na condição de homem, ele o é. Mas, como chefe, um rei tem a razão de seus ministros, que têm a razão de seus chefes de gabinete que, por sua vez, têm a razão de todo mundo. Ele não depende, é bem verdade, da razão de seus superiores, mas somente da razão dos inferiores. O rei filósofo ou o filósofo rei faz parte da sociedade; e ela lhe impõe, como aos outros, suas leis, suas superioridades e suas corporações explicadoras.

Por isso mesmo, a outra figura do sonho filosófico, a soberania do povo, não se mostra mais sólida. Pois esta soberania, que se apresenta como um ideal a realizar, ou como um princípio a impor, sempre existiu. Ainda ecoam na história os nomes desses reis que perderam o trono por haver desconsiderado esse fato: nenhum deles reina, senão pelo peso que lhes atribui a massa. Os filósofos se indignam. O povo, dizem, não pode alienar sua soberania. Objetar-se-á que, talvez, ele não *possa*, mas que ele sempre o fez, desde o princípio dos tempos. "Os reis não fazem os povos, por mais que queiram. Mas os povos

---

[78] *Enseignement universel. Langue maternelle*, 6ᵉ ed., Paris, 1836, p. 365.

podem fazer chefes, e eles sempre assim quiseram."[79] O povo se aliena em seu chefe exatamente da mesma forma como o chefe se aliena em seu povo. Essa sujeição recíproca é o próprio princípio da ficção política como alienação original da razão em relação à paixão da desigualdade. O paralogismo dos filósofos consiste em imaginar um povo de *homens*. Mas esta é uma expressão contraditória, um ser impossível. Não há senão povos de cidadãos, de homens que alienaram sua razão à ficção desigualitária.

Não confundamos essa alienação com uma outra. Não estamos afirmando que o cidadão é o homem ideal, revestido os despojos do homem real, o habitante de um céu político igualitário que recobriria a realidade da desigualdade entre os homens concretos. Afirmamos que há igualdade entre os homens, isto é, entre indivíduos que se veem somente como seres razoáveis. E que é, ao contrário, o cidadão, o habitante da ficção política o ser decaído, no país da desigualdade.

O homem razoável sabe, pois, que não existe ciência política, que não há política da verdade. A verdade não decide qualquer conflito da praça pública. Ela não fala ao homem, senão na solidão de sua consciência. Ela se retira assim que explode o conflito entre duas consciências. Quem espera reencontrá-la deve, em todo caso, saber que ela caminha solitária e sem cortejo. Em troca, as opiniões políticas jamais vêm sem um imponente cortejo: *Fraternidade ou morte*, dizem elas; ou ainda, quando chega sua vez, *Legitimidade ou morte*, *Oligarquia ou morte* etc. "O primeiro termo varia, mas o segundo é sempre expresso ou subentendido nas bandeiras, nos estandartes

---

[79] "Le Contrat social", *Journal de philosophie panécastique*, t. V, 1838, p. 62.

das opiniões. À direita, lê-se *Soberania de A ou morte.* À esquerda, *Soberania de B ou morte.* Nunca falta a morte; conheço, inclusive, filantropos que dizem: *Supressão da pena de morte ou morte.*"[80] A verdade, quanto a ela, não proclama sanções; nunca vem ligada à morte. Digamo-lo, portanto, com Pascal: sempre se encontrou um meio de conceder a justiça à força, mas está-se longe de encontrar aquele de conceder força à justiça. Esse projeto é, por si só, sem sentido. Uma força é uma força. Pode ser razoável empregá-la. É, porém, insensato querer torná-la razoável.

Como desrazoar razoavelmente

Resta, pois, ao homem razoável submeter-se à loucura cidadã, esforçando-se para não perder sua razão. Os filósofos acreditam ter encontrado o meio: a obediência não pode ser *passiva*, dizem eles, não pode haver deveres sem direitos! Mas isso é falar *distraidamente*. Não há nada, nunca haverá, na ideia de dever que implique a ideia de direito. Quem se aliena, se aliena absolutamente. Supor uma contrapartida para isso, é um pobre subterfúgio da vaidade, sem outro efeito além de racionalizar a alienação, tornando-a capaz de melhor enredar aquele que acredita preservar seus direitos. O homem razoável não se permite essas dissimulações. Ele sabe que a ordem social nada tem a lhe oferecer de melhor, do que a superioridade dessa ordem sobre a desordem. "Uma ordem qualquer, desde que não possa ser perturbada, eis o que são as organizações sociais, desde o começo do mundo."[81] O monopólio da violência legítima é, ainda, o que se encontrou de melhor

---

[80] *Journal de philosophie panécastique*, t. V, 1838, p. 211.

[81] *Enseignement universel. Langue étrangère*, 2e ed., Paris, 1829, p. 123.

A sociedade do desprezo

para limitar a violência, deixando à razão os asilos, em que ela pode se exercer mais livremente. De modo que o homem razoável jamais se considera acima das leis. A superioridade que, em caso contrário, ele se atribuiria o faria cair no destino comum desses superiores inferiores que constituem a espécie humana e entretêm sua desrazão. Ele considera a ordem social como um mistério situado para além do poder da razão, obra de uma razão superior que determina o sacrifício parcial de sua própria razão. Ele se submeterá, na qualidade de cidadão, ao que a desrazão dos governantes exige, evitando apenas adotar as razões que ela proclama. Mas ele não abdica de sua razão, ele apenas a reconduz a seu princípio primeiro. A vontade razoável, como vimos, é antes de qualquer coisa a arte de se vencer a si próprio. A razão se conservará fiel, controlando seu próprio sacrifício. O homem razoável é *virtuoso*. Ele aliena parcialmente sua razão ao comando da desrazão, para manter esse foco de racionalidade que é a capacidade de se vencer a si próprio. Eis como a razão conservará sempre um refúgio inexpugnável, no seio da desrazão.

A desrazão social é a guerra, em suas duas faces: o campo de batalha e o tribunal. O campo de batalha é o verdadeiro retrato da sociedade, a implicação exata e integral da opinião que a funda. "Quando dois homens se encontram, eles se tratam polidamente, como se acreditassem serem iguais em inteligência; mas, quando um dos dois está no meio do país do outro, já não se fazem mais tantas cerimônias: abusa-se da força, como da razão; tudo, no intruso, denota uma origem bárbara. Ele é tratado sem boas maneiras, como a um idiota. Sua pronúncia faz dobrar de rir, a inabilidade dos gestos e tudo nele anuncia a espécie bastarda à qual pertence: esse é um povo desajeitado, aquele é leviano e frívolo, o outro é grosseiro, outro ainda, orgulhoso e afetado. Em geral, cada povo se crê, de boa fé, superior a outro; e basta que as paixões se intrometam, eis que a guerra explode: mata-se tanto quanto se pode, de uma parte e de outra, como se esmagam insetos. Mais se mata, mais se é glorioso. É-se recompensado por cabeça abatida; pede-se uma medalha por uma aldeia queimada, uma grande comenda no caso de uma cidade grande, segundo a tarifa; e esse tráfico de sangue é chamado de amor à pátria [...] é em nome da pátria que vos lançais como bestas selvagens sobre o povo vizinho; e se vos perguntassem o que é a pátria, vos mataríeis uns aos outros, antes de chegar a um acordo sobre a questão."[82]

Apesar disso, dizem em coro os filósofos e a consciência comum, é preciso distinguir. Há guerras injustas, guerras de conquista que o delírio de dominação engendra; e há guerras justas, aquelas em que se defende o solo da pátria atacada. O antigo artilheiro Joseph Jacotot deve sabê-lo – ele que defendeu em 1792 a pátria em perigo e que em 1815 se opôs com todas as suas forças de parlamentar ao retorno do rei, trazido pelos invasores. Mas sua experiência lhe permitiu observar que a moral da coisa era completamente diferente do que parecia no início. O defensor da pátria atacada faz, como cidadão, o que faria como homem. Ele não tem que sacrificar sua razão à virtude. Pois a razão ordena ao animal razoável fazer o que puder para conservar a qualidade de ser vivo. A razão, nesses casos, se reconcilia com a guerra e o egoísmo com

---

[82] *Enseignement universel. Langue maternelle*, 6ᵉ ed., Paris, 1836, p. 289-290.

A virtude. Não há, pois, mérito particular em nada disso. Em compensação, aquele que obedece às ordens da pátria conquistadora faz, se é razoável, o meritório sacrifício de sua razão ao mistério da sociedade. É preciso maior virtude para guardar sua fortaleza interior e para saber, uma vez o dever cumprido, voltar à natureza, reconverter em virtude do livre exame o domínio de si investido na obediência cidadã.

Mas, para isso, a guerra dos exércitos é ainda a menor das provações da razão. Nessa situação, ela se contenta em administrar sua própria suspensão. Basta-lhe o autodomínio para obedecer à voz da autoridade – cuja potência é sempre mais do que suficiente para fazer-se escutar por todos, sem qualquer equívoco. Bem mais perigosa é a ação nesses lugares em que a autoridade ainda está se estabelecendo, em meio a paixões contraditórias: nas assembleias em que se delibera sobre a lei, nos tribunais em que se julga sobre sua aplicação. Esses lugares apresentam à razão um mesmo mistério, diante do qual tudo o que se pode fazer é inclinar-se. Em meio à confusão das paixões e dos sofismas da desrazão, a balança pende, a lei faz ouvir sua *voz*, à qual tratar-se-á de obedecer como a um general. Contudo, esse mistério exige do homem razoável sua participação. Ele conduz a razão não mais somente para o terreno do sacrifício, mas para outro que está certo de ser *o seu*: o do *raciocínio* – quando, como bem sabe o homem razoável, tudo o que interessa é o combate, somente prevalecem as leis da guerra. O sucesso depende da habilidade e da força do lutador, não de sua razão. Eis porque, pela arma da retórica, a paixão reina aí. A retórica, como se sabe, nada tem a ver com a razão. Mas seria a recíproca verdadeira? Não seria a razão, de forma geral, esse controle de si próprio, que permite ao ser que fala realizar, em qualquer domínio, uma obra de *artista*? A razão não seria ela própria, se não facultasse o poder de falar na assembleia, como em todo lugar. A razão é o poder de aprender todas as línguas. Ela pode, portanto, aprender a língua da assembleia e do tribunal. Ela pode aprender a praticar a desrazão.

É preciso, pois, tomar o partido de Aristóteles, contra Platão: é vergonhoso para um homem razoável se deixar abater no tribunal, vergonhoso para Sócrates ter abandonado a vitória e sua própria vida nas mãos de Meletos e Anitos. É preciso aprender a língua de Anitos e Meletos, a língua dos oradores – que se aprende como todas as outras, ou mesmo mais facilmente do que qualquer outra, pois seu vocabulário e sua sintaxe estão presos a um estreito círculo. Aí o *tudo está em tudo* se aplica melhor do que em qualquer outra circunstância. É pois preciso aprender *qualquer coisa* – um discurso de Mirabeau, por exemplo – e a isso relacionar todo o resto. Essa retórica que tanto trabalho exige dos aprendizes do *Velho* é para nós como um jogo: "Sabemos tudo, antecipadamente; tudo está em nossos livros; basta mudar os nomes."[83]

Mas sabemos, também, que os exageros no tamanho dos períodos e nos ornamentos do estilo não são a quintessência da arte oratória. Sua função não é persuadir os espíritos, mas *distraí-los*. O que captura o decreto – como a fortaleza – é o assalto, a palavra, o gesto que decidem. A sorte de uma assembleia é muitas vezes decidida por um audacioso que, primeiro entre todos, grita: *Votação!* Aprendamos, pois, nós também, a arte de gritar na hora certa

---

[83] *Enseignement universel. Langue maternelle*, 6e ed., Paris, 1836, p. 359.

A sociedade do desprezo

Votação! Não digamos que isso é indigno de nós e da razão. A razão não precisa de nós, somos nós que precisamos dela. Nossa pretensa dignidade não é senão preguiça e covardia, semelhante àquela de uma criança que não quer improvisar diante de seus colegas. Daqui a pouco, talvez, nós gritemos também *Votação!* Mas o gritaremos com o bando de medrosos que estará fazendo eco ao orador vitorioso – aquele que terá ousado o que nós, por preguiça, não ousamos.

Tratar-se-ia, assim, de fazer do Ensino Universal uma escola de cinismo político, renovando os sofismas denunciados por Bentham? Quem quiser compreender a lição do *razoável desrazoante* deve buscá-la na lição do *mestre ignorante*. Trata-se, assim, em todo caso, de verificar o poder da razão, observar o que se pode fazer com ela, o que ela pode fazer para manter-se ativa, no seio da própria desrazão. Preso ao círculo da loucura social, o *razoável desrazoante* demonstra que a razão do indivíduo jamais cessa de exercer seu poder. No campo fechado das paixões – dos exercícios da vontade distraída – é preciso mostrar que a vontade atenta sempre pode o que elas podem – e ainda mais. E, o que podem seus escravos, a rainha das paixões pode fazer melhor do que qualquer uma delas. "O sofisma mais sedutor, mais verossímil, será sempre obra daquele que sabe melhor o que é um sofisma. Quem conhece a linha reta, dela se afasta quando é preciso, tanto quanto é preciso, e jamais em excesso. Qualquer que seja a superioridade que nos conceda a paixão, ela se confunde a si mesma, posto que é uma paixão. A razão vê tudo como é; ela mostra, ela esconde dos olhos tanto quanto julga conveniente, nem mais, nem menos."[84] Não é uma lição de esperteza, mas de constância. Aquele que sabe permanecer fiel

---

[84] *Enseignement universel. Langue maternelle*, 6ᵉ ed., Paris, 1836, p. 356.

a si em meio à desrazão, exercerá sobre as paixões do outro o mesmo domínio que exerce sobre as suas. "Tudo se faz pelas paixões, estou consciente; mas tudo se poderia fazer ainda melhor, mesmo essas bobagens, pela razão. Eis o princípio único do Ensino Universal."[85]

Estaríamos – poder-se-ia objetar – assim tão distantes de Sócrates? Também ele ensinava, no *Fedro* como na *República*: o filósofo pratica a boa mentira, aquela que é o justo necessário e suficiente, pois só ele conhece a mentira. Nisso consiste, precisamente, toda a diferença: nós supomos, quanto a nós, que todos sabem o que é a mentira. É esse, inclusive, o critério pelo qual definimos o ser razoável: sua incapacidade de *se* mentir. Não nos referimos, portanto, ao privilégios dos sábios, mas ao poder dos homens razoáveis. E esse poder se resume em uma *opinião*: a da igualdade das inteligências. É essa opinião que faltou a Sócrates e que Aristóteles não pôde corrigir. A mesma superioridade que permite ao filósofo estabelecer as pequenas distinções imperceptíveis, o dissuade de falar a "companheiros de escravidão."[86] Sócrates não quis fazer um discurso para agradar ao povo, para seduzir a "grande besta". Ele não quis estudar a arte dos sicofantas Anitos e Meletos. Ele pensou, e quase todos o louvam por tal, que isso equivaleria a permitir, em sua pessoa, a decadência da filosofia. Mas o fundo de sua opinião é: Anitos e Meletos são sicofantas imbecis; não há, portanto, nenhuma *arte* em seu discurso, somente uma espécie de cozinha. Não há aí o que aprender. Ora, os discursos de Anitos e Meletos são uma manifestação da inteligência humana, *ao mesmo título* do que os de Sócrates. Não estamos afirmando que

---

[85] *Ibidem*, p. 342.

[86] *Fedro*, 263e.

são *tão bons*. Diremos, apenas, que procedem da *mesma inteligência*. Sócrates, o "ignorante", se imaginou, quanto a ele, superior aos oradores de tribunal, teve preguiça de aprender sua arte e consentiu com a desrazão do mundo. Por que agiu de tal modo? Pela mesma razão que perdeu Laios, Édipo e todos os heróis trágicos: ele acreditou no oráculo délfico; pensou que a divindade o havia eleito, que ela lhe havia dirigido uma mensagem especial. Ele partilhou da loucura dos seres superiores: a crença no gênio. Um ser inspirado pela divindade não aprende os discursos de Anitos, não os repete, não busca, quando é preciso, apropriar-se de sua arte. Por isso é que os Anitos são mestres na ordem social.

Mas não o serão eles, de toda maneira? – perguntar-se-á ainda. De que serve triunfar no fórum se sabemos que, de toda forma, nada pode mudar a ordem das sociedades? Para que servem os indivíduos razoáveis – ou emancipados, como os denominais – que salvam sua vida e conservam sua razão, se eles nada podem para mudar a sociedade, estando reduzidos à triste vantagem de desrazoar melhor do que os loucos?

A palavra no Aventino

Respondamos, antes de tudo, que nem sempre o pior está assegurado, já que em toda ordem social é sempre possível a todos os indivíduos serem razoáveis. A sociedade jamais o será, mas ela pode reconhecer o milagre de momentos de razão que são aqueles, não da coincidência das inteligências – que é, antes, embruteci-mento – mas do reconhecimento recíproco das vontades razoáveis. Quando o Senado desrazoava, fazíamos coro com Appius Claudius. Era o meio mais rápido de pôr fim à questão, voltar mais cedo à cena do Aventino. Agora é Menenius Agripa que tem a palavra. E pouco importa o detalhe do que diz aos plebeus. O essencial é que lhes fala, e eles escutam; lhe falam, e ele escuta. Ele lhes fala de membros e de estômago, e isso talvez não seja muito lisonjeiro. Mas o que ele lhes exprime é a igualdade dos seres que falam, sua capacidade de compreender desde logo, que se reconhecem como igualmente marcados pelo signo da inteligência. Ele lhes diz que são como estôma-gos – isso depende da arte que se aprende estudando e repetindo, decompondo e recompondo os discursos dos outros; digamo-lo anacronicamente: isto depende do Ensino Universal. Mas ele lhes fala como a homens e, por esse mesmo gesto, faz deles homens: isto depende da emancipação intelectual. No momento em que a socieda-de está ameaçada de ser dividida por sua própria loucura, a razão faz-se ação social salvadora, exercendo a totalidade de seu poder próprio – o poder da igualdade reconhecida entre os seres intelectuais.

Esse momento da guerra civil desatada, de poder reconquistado e vitorioso da razão, valeu todo o longo e aparentemente inútil tempo em que a razão foi guardada e em que aprendeu com Appius Claudius a arte de desra-zoar melhor do que ele. Há uma vida da razão que pode se manter fiel a si própria na desrazão social e aí operar. É para isso que é necessário trabalhar. Quem sabe com igual atenção compor, em nome da causa, as diatribes de Appius Claudius ou as fábulas de Menenius Agripa é um aluno do Ensino Universal. Quem reconhece, com Menenius e Agripa, que todo homem nasceu para compreender o que qualquer homem tem a lhe dizer conhece a emancipação intelectual.

A sociedade do desprezo

Esses felizes encontros são muito pouco, dizem os impacientes ou os satisfeitos. E a história do Aventino é muito velha. No entanto, exatamente nesse momento outras vozes se fazem ouvir, vozes bem diferentes, para afirmar que o Aventino é o início de nossa história – a do conhecimento de si, que faz de plebeus de ontem e de proletários de hoje homens capazes de tudo que pode um homem. Em Paris, um outro excêntrico sonhador, Pierre-Simon Ballanche, relata à sua maneira a mesma história do Aventino e lê a mesma lei proclamada, a da igualdade dos seres que falam, da potência adquirida por aqueles que se reconhecem marcados pelo signo da inteligência e que assim se tornam capazes de gravar seu nome no horizonte. E ele faz uma estranha profecia: "A história romana, tal como ela nos foi apresentada até o presente, após haver regulado uma parte de nossos destinos, após haver entrado, sob uma forma, na composição de nossa vida social, de nossos costumes, de nossas opiniões, de nossas leis, vem, sob outra forma, regular nossos novos pensamentos, os que devem entrar na composição de nossa vida social futura."[87] Nas oficinas de Paris ou de Lion, algumas cabeças sonhadoras escutam essa história e a relatam, por sua vez, à sua própria maneira.

Sem dúvida, essa profecia da nova era é um sonho. Mas eis o que não é um sonho: sempre se pode, mesmo no fundo da loucura desigualitária, verificar a igualdade das inteligências e prestar contas dessa verificação. A vitória do Aventino é muito real, mas, decerto ela não se situa lá onde pensamos. Os tribunos que a plebe

---

[87] "Essais de palingénésie sociale. Formule générale de l'histoire de tous les peuples appliquée à l'histoire du peuple romain", *Revue de Paris*, av. 1829, p. 155.

conquistou desrazoavam tanto quanto os outros. Apesar disso, o fato de que cada plebeu se sinta homem, se acredite capaz, acredite seu filho e qualquer outro capaz de exercer as prerrogativas da inteligência, isso é mais do que *nada*. Não pode haver um partido dos emancipados, uma assembleia ou uma sociedade emancipada. Mas todo homem pode, a cada instante, emancipar-se e emancipar a um outro, anunciar a outros esse *benefício* e aumentar o número de homens que se reconhecem como tais e não mais fazem de conta que são superiores inferiores. Uma sociedade, um povo, um Estado serão sempre desrazoáveis. Mas pode-se multiplicar o número de homens que farão uso, na condição de indivíduos, da razão e dominarão, na condição de cidadãos, a arte de desrazoar o mais razoavelmente possível.

Pode-se portanto dizer, e é preciso dizer: "Se cada família fizesse o que digo, logo a nação estaria emancipada, não da emancipação que os sábios *concedem*, por suas explicações *à altura* das inteligências do povo, mas da emancipação que conquistamos, mesmo contra os sábios, quando nos instruímos a nós próprios."[88]

---

[88] *Manuel de l'émancipation intellectuelle*, Paris, 1841, p. 15.

CAPÍTULO QUINTO

O emancipador e suas imitações

*A*ssim, o dever dos discípulos de Joseph Jacotot é bem simples. Eles devem anunciar a todos, em todo lugar e circunstância, a boa nova ou o benefício: pode-se ensinar aquilo que se ignora. Um pai de família pobre e ignorante pode, portanto, começar a instrução de seus filhos. Cabe, ainda, fornecer o princípio desta instrução: *é preciso aprender qualquer coisa e a isso relacionar todo o resto, segundo esse princípio: todas as inteligências são iguais.*

Deve-se anunciá-lo e estar pronto para a verificação: falar ao pobre, fazê-lo falar do que ele é e do que sabe; mostrar-lhe como instruir seu filho; copiar a oração que a criança sabe de cor; levá-la a aprender de cor o primeiro capítulo de *Telêmaco*, livro que lhe será oferecido; estar disponível para as solicitações daqueles que querem aprender com um mestre do Ensino Universal aquilo *que ele ignora*; envidar, portanto, todos os esforços para convencer o ignorante de seu poder: um discípulo de Grenoble não podia convencer uma mulher pobre e idosa a aprender a ler e a escrever. Ele, então, lhe ofereceu dinheiro para obter seu consentimento. Em cinco meses, ela aprendeu e agora emancipa seus netos.[89]

---

[89] *Manuel populaire de la méthode Jacotot, par le Dr. Reter de Brigton*, Paris, 1830, p. 3.

Eis o que se deve fazer, sabendo-se que o conhecimento de *Telêmaco* ou de qualquer outra coisa é, por si mesmo, indiferente. O problema não é fazer sábios, mas elevar aqueles que se julgam inferiores em inteligência, fazê-los sair do charco em que se encontram abandonados: não o da ignorância, mas do desprezo de si, do desprezo *em si* da criatura razoável. O desafio é fazê-los homens emancipados e emancipadores.

Método emancipador e método social

Não se trata de incluir o Ensino Universal nos programas dos partidos reformadores, nem a emancipação intelectual entre as bandeiras da sedição. Somente um homem pode emancipar um homem. Somente um indivíduo pode ser razoável – e somente por meio de sua própria razão. Há, sem dúvida, cem maneiras de instruir: também se aprende na escola dos embrutecedores; um professor é uma *coisa* – decerto menos manipulável do que um livro, mas que pode ser *aprendida*: observá-lo, imitá-lo, dissecá-lo, recompô-lo, experimentar o que de sua pessoa oferece. Sempre se aprende, ao escutar um homem falar. Um professor não é, nem mais, nem *menos* inteligente do que qualquer outro homem; ele geralmente fornece uma grande quantidade de *fatos* à observação daqueles que procuram. Há, porém, somente uma maneira de emancipar. Jamais um partido, um governo, um exército, uma escola ou uma instituição emancipará uma única pessoa.

Essa não é uma proposição metafísica. A experiência foi feita em Louvain, sob o patrocínio de Sua Majestade o Rei dos Países Baixos. Sabe-se que ele era um soberano

O emancipador e suas imitações

esclarecido. Seu filho, o Príncipe Frederick, era apaixonado pela filosofia. Responsável pelos exércitos, ele os queria modernos e instruídos, à maneira prussiana. Ele se interessava por Jacotot; incomodava-o a desgraça em que este último era mantido pelas autoridades acadêmicas de Louvain, queria ter podido fazer qualquer coisa por ele e, ao mesmo tempo, pelo exército holandês. O exército, naqueles tempos, era terreno propício para experimentação de ideias reformadoras e novas pedagogias. O Príncipe convenceu, então, seu pai a criar em Louvain uma Escola Normal Militar, cuja responsabilidade pedagógica foi confiada a Jacotot.

A intenção era boa, mas o presente era de grego: Jacotot era um *mestre*, não um dirigente. Seu método era próprio para formar homens emancipados, mas não instrutores militares, ou sequer servidores em qualquer especialidade social. Entendamo-nos bem: um homem emancipado pode ser instrutor militar, tanto quanto serralheiro ou advogado. Um Ensino Universal, contudo, não pode, sem se *deturpar* especializar-se na produção de uma categoria determinada de atores sociais – sobretudo se esses atores são instrutores de corporações. O Ensino Universal pertence às famílias e o melhor que um soberano esclarecido poderia fazer em prol de sua propagação seria proteger a livre circulação desse benefício dos efeitos de sua autoridade. Não que um rei esclarecido não possa *estabelecer* onde e quando quiser o Ensino Universal: mas tal estabelecimento jamais vingaria, pois o *gênero* humano pertence ao velho método. É claro que, pela glória do soberano, sempre se poderia tentar a experiência. Ela seguramente fracassaria, mas há fracassos que são instrutivos. Somente uma garantia se fazia necessária: a absoluta concentração do poder, a

COLEÇÃO "EDUCAÇÃO: EXPERIÊNCIA E SENTIDO"

supressão de todos os intermediários da cena social, em proveito unicamente da dupla rei e filósofo. Para tanto, era preciso, primeiramente, afastar todos os conselheiros do velho método à maneira dos países civilizados, isto é, concedendo-lhes uma promoção; em segundo lugar, expurgar todos os outros intermediários, que não os escolhidos pelo filósofo; em terceiro lugar, outorgar todo poder ao filósofo: "Far-se-á o que eu disser, tudo o que eu disser, nada além do que eu disser; e a responsabilidade caberá somente a mim. Nada ordenarei; ao contrário, os intermediários me perguntarão o que deve ser feito e como deve ser feito para, em seguida, submeter o todo ao soberano. Serei considerado, não como um funcionário que se emprega, mas como um filósofo que se deve consultar. Enfim, o estabelecimento do Ensino Universal será considerado, por um tempo, como o principal e o primeiro de todos os negócios do Reino."[90]

Essas são condições que nenhuma monarquia civilizada poderia aceitar, sobretudo em se tratando de um fracasso eminente. O Rei, no entanto, fazia questão da experiência e, na qualidade de hóspede reconhecido, Jacotot aceitou essa experiência bastarda de coabitação com uma comissão militar de instrução, sob a autoridade do comandante da região de Louvain. Nessas bases, a Escola foi criada em março de 1827; e os alunos, a princípio abismados ao escutar, de um intérprete, que seu professor nada tinha a lhes ensinar, devem ter podido descobrir aí alguma vantagem já que, ao termo do período regulamentar, solicitaram por petição o prolongamento de sua estadia na Escola, onde desejavam aprender pelo Método Universal as línguas, a História, a

---

[90] *Enseignement universel. Mathématiques*, 2ᵉ ed., Paris, 1829, p. 97.

Geografia, as Matemáticas, a Física, a Química, o Desenho Topográfico e Fortificações. Mas o Mestre não poderia estar satisfeito com esse Ensino Universal *desbaratado*, nem com os conflitos quotidianos com as autoridades acadêmicas civis e com a hierarquia militar. Ele precipitou, com suas explosões, a dissolução da Escola. Ele havia obedecido ao Rei, ao formar, por um método acelerado, instrutores militares. Mas ele tinha melhor a fazer, do que fabricar tenentes – espécie que jamais faltará em qualquer sociedade. Ele, aliás, preveniu solenemente seus alunos: eles não deveriam jamais lutar pela adoção do Ensino Universal no Exército. Eles não deviam, tampouco, esquecer que haviam presenciado uma *aventura* de espírito um pouco mais ampla do que a fabricação de oficiais subalternos: "Vós haveis formado subtenentes em alguns meses, é verdade. Mas, obstinar-se a obter resultados tão tímidos quanto os das escolas europeias, tanto civis quanto militares, é *desbaratar* o Ensino Universal. Se a sociedade se beneficiar de vossas experiências, contentando-se com elas, tanto melhor: vós sereis úteis ao Estado. Entretanto, não vos esqueçais jamais de que haveis presenciado resultados de ordem muito superior ao que haveis obtido e aos quais sereis reduzidos. Aproveitai, pois, a emancipação intelectual para vós e vossos filhos. Ajudai aos pobres. Mas limitai-vos a fazer, para vosso país, tenentes e cidadãos acadêmicos. Não precisais mais de mim para avançar por essas veredas."[91]

O discurso do Fundador aos seus discípulos militares – e ele teve discípulos fiéis – figura no frontispício do volume *Ensino Universal. Matemáticas*, obra em que, segundo

---

[91] *Ibidem*, p. 1-2.

o exasperante hábito do Mestre em toda matéria, não há uma só palavra sobre matemática. Ninguém é discípulo do Ensino Universal se não leu e compreendeu, nessa obra, a história da Escola Normal Militar de Louvain, se não se convenceu dessa oposição: o Ensino Universal não é, nem pode ser um método *social*. Ele não pode ser difundido nas instituições da sociedade, nem por iniciativa delas. Não que os *emancipados* não sejam respeitosos da ordem social: eles sabem que, de toda maneira, ela é menos nociva do que a desordem. Mas é tudo o que lhe concedem, e decerto nenhuma instituição poder-se-ia contentar com tão pouco. Não é suficiente que a desigualdade se faça respeitar: ela quer ser objeto de crença e de amor. Ela quer ser *explicada*. Toda instituição é uma *explicação* em ato da sociedade, uma encenação da desigualdade. Seu princípio é e será sempre antitético ao do método fundado sobre a opinião da igualdade e da recusa das explicações. O Ensino Universal não pode se dirigir senão a indivíduos, jamais a sociedades. "As sociedades de homens reunidos em nações, desde os Lapões até os Patagônios, precisam, para sua estabilidade, de uma forma, de uma ordem qualquer. Aqueles que são encarregados da manutenção dessa ordem necessária devem explicar e fazer explicar que ela é a melhor possível, e impedir qualquer explicação contrária. Esse é o objetivo das constituições e das leis. Portanto, repousando sobre uma explicação, toda ordem social sempre exclui qualquer outra explicação e, sobretudo, rejeita o método da emancipação intelectual, fundado sobre a inutilidade e, mesmo, sobre o perigo de toda explicação no ensino. O Fundador reconheceu, inclusive, que o cidadão de um Estado deveria respeitar a ordem social de que faz parte e a explicação dessa ordem;

mas estabeleceu, também, que a lei só exigia do cidadão que suas ações e palavras fossem conformes à ordem, não podendo impor-lhe pensamentos, opiniões, crenças; que o habitante de um país, antes de ser um cidadão, era um homem, que a família era um santuário em que o pai é o supremo árbitro e que, em consequência, era aí e somente aí que a emancipação intelectual poderia ser semeada com sucesso." [92] Afirmemo-lo, pois: o Ensino Universal *não vingará*, ele não se estabelecerá na sociedade. Mas ele não morrerá, porque é o método natural do espírito humano, o de todos os homens que buscam seu próprio caminho. O que os discípulos podem fazer a seu favor é anunciar a todos os indivíduos, a todos os pais e mães de família, o meio de ensinar aquilo que se ignora, segundo o princípio da igualdade das inteligências.

Emancipação dos homens e instrução do povo

É, pois, preciso anunciar o Ensino Universal a *todos*. Antes de tudo, aos pobres, sem qualquer dúvida: eles não têm outro meio de se instruírem, não podem pagar explicadores particulares, nem passar longos anos nos bancos escolares. Acima de tudo, é sobre eles que pesa mais fortemente o preconceito da desigualdade das inteligências. São eles que devem ser reerguidos de sua posição de humilhação. O Ensino Universal é o método dos pobres.

Mas ele não é um método *de* pobres. É um método de homens, isto é, de inventores. Quem o empregar, quaisquer que sejam sua ciência e posição social, multiplicará seus poderes intelectuais. É preciso, pois,

---

[92] *Journal de philosophie panécastique*, t. V, 1838, p. 1-12.

anunciá-lo aos príncipes, aos ministros e aos poderosos: eles não podem *instituir* o Ensino Universal; podem, no entanto, aplicá-lo na instrução de seus filhos. E podem usar seu prestígio social para anunciar amplamente o benefício. Assim, o rei esclarecido dos Países Baixos teria feito melhor em ensinar às suas crianças o que ignorava e emprestar sua voz para a difusão das ideias emancipadoras nas famílias do reino. Dessa forma, o antigo colega de Joseph Jacotot, o General de La Fayette, poderia tê-lo anunciado ao Presidente dos Estados Unidos, país novo sobre o qual ainda não pesavam séculos de embruteci-mento universitário. Aliás, nos dias que se seguiram à Revolução de julho de 1830, o Fundador deixou Louvain para, em Paris, indicar aos liberais e aos progressistas ven-cedores os meios de concretizar seus belos pensamentos a respeito do povo: o General La Fayette só precisava difundir o Ensino Universal entre os homens da Guarda Nacional. Casimir Perier, velho entusiasta da doutrina e futuro Primeiro Ministro, estava agora em condições de anunciar amplamente o benefício. M. Barthe, Ministro da Instrução Pública de M. Laffitte, veio por iniciativa própria consultar-se com Jacotot: – O que é preciso, para organizar a instrução que o governo deve ao povo e que pretende fornecer segundo os melhores métodos? – *Nada*, respondeu o Fundador, o governo não deve ins-trução ao povo, pela simples razão de que não se deve às pessoas aquilo que elas podem conquistar por si próprias. Ora, a instrução é como a liberdade: não se concede, conquista-se. Então o que é preciso fazer? – perguntou o Ministro. Basta – retrucou-lhe – anunciar que estou em Paris, hospedado no Hotel Corneille, onde recebo todos os dias os pais de família pobres, para indicar-lhes os meios de emancipar seus filhos.

O emancipador e suas imitações

É preciso dizê-lo a todos os que se preocupam com a ciência, com o povo, ou com os dois ao mesmo tempo. Os sábios também devem aprendê-lo: eles têm os meios de decuplicar sua potência intelectual. Eles só se acreditam capazes de ensinar o que sabem. Conhecemos bem essa lógica social da falsa modéstia – pela qual aquilo ao que se renuncia estabelece a solidez do que é anunciado. Pois os sábios – os que pesquisam, é claro, e não os que explicam o saber dos outros – querem, talvez, algo mais novo e menos convencional. Se eles começarem a ensinar o que ignoram, talvez descubram poderes intelectuais insuspeitados, que os colocarão no caminho de novas descobertas.

É preciso dizê-lo aos republicanos que querem um povo livre e igual e imaginam que isso é uma questão de leis e de constituições. É preciso dizê-lo a todos os homens de progresso, de coração generoso e cérebro em ebulição – inventores, filantropos e filomáticos, politécnicos, fourieristas ou saint-simonianos – que percorrem os países da Europa e os campos do saber, em busca de invenções técnicas, de melhoramentos agronômicos, de sistemas econômicos, de métodos pedagógicos, instituições morais, revoluções arquiteturais, procedimentos tipográficos, publicações enciclopédicas, etc., destinados ao aperfeiçoamento físico, intelectual e moral da classe mais pobre e mais numerosa: eles podem fazer pelos pobres muito mais do que creem e com custos muito menores. Eles gastam tempo e dinheiro na experimentação e promoção de celeiros de grãos e fossas de purina, fertilizantes e métodos de conservação para melhorar as culturas e enriquecer camponeses, limpar as imundícies dos pátios de fazenda e os preconceitos das cabeças rústicas. Há, porém, um meio bem mais simples do que esse:

com um velho *Telêmaco* ou, mesmo, com uma pluma e papel para escrever uma oração, eles podem emancipar os camponeses, torná-los conscientes de seu poder intelectual; e os camponeses se ocuparão, eles próprios, do aperfeiçoamento de suas culturas e da conservação de seus grãos. O *embrutecimento* não é uma superstição inveterada, mas terror frente à liberdade; a rotina não é ignorância, mas covardia e orgulho das pessoas que renunciam a sua própria potência, pelo simples prazer de constatar a impotência do vizinho. Basta *emancipar*. Não vos arruineis com publicações para inundar advogados, notários e farmacêuticos de subprefeituras de enciclopédias destinadas a ensinar aos habitantes do campo os meios mais saudáveis de conservar ovos, marcar carneiros, apressar o amadurecimento do melão, salgar a manteiga, desinfectar a água, fabricar açúcar de beterraba e fazer cerveja com cascas de lentilhas. Mostrai-lhes, antes, como fazer o filho repetir *Calipso, Calipso não, Calipso não podia...* E vereis de que serão capazes.

Essa é a única vantagem, a vantagem única da emancipação intelectual: cada cidadão é também um homem que realiza uma *obra*, com a pluma, com a purina ou qualquer outro instrumento. Cada inferior superior é também um igual, que narra e faz com que o outro narre o que *viu*. É sempre possível trabalhar essa relação consigo mesmo, reconduzi-la à sua veracidade primeira, para despertar no homem social o homem razoável. Quem não busca introduzir o método do Ensino Universal nas engrenagens da máquina social pode suscitar essa energia toda nova que fascina os apaixonados pela liberdade, essa potência sem gravidade, nem aglomeração, que se propaga como um raio, pelo contacto de dois polos. Quem abandona as engrenagens da máquina social tem a sorte de fazer circular a energia elétrica da emancipação.

Deixaremos de lado, apenas, os embrutecidos do *Velho* e os poderosos à moda antiga. Eles já se inquietavam com os malefícios da instrução dos filhos do povo, imprudentemente cortados de sua condição. O que dizer, então, da emancipação e da igualdade das inteligências, da afirmação de que marido e mulher têm a mesma inteligência! Um visitante perguntou a M. Jacotot se, em tais condições, as mulheres ainda permanecerão belas! Privemos, pois, de resposta esses embrutecidos, deixemo-los dando voltas em torno de seu círculo acadêmico-nobiliário. Sabemos que é precisamente isso que define a visão embrutecedora de mundo: acreditar na *realidade* da desigualdade, imaginar que os superiores na sociedade são efetivamente superiores e que a sociedade estaria em perigo se fosse difundida, sobretudo nas classes mais baixas, a ideia de que essa superioridade é tão somente uma ficção convencionada. De fato, somente um emancipado pode escutar com tranquilidade que a ordem social é inteiramente convencional e, assim mesmo, obedecer escrupulosamente a seus superiores – que ele sabe seus iguais. Ele sabe o que pode esperar da ordem social e não causará aí muita confusão. Os embrutecidos nada têm a temer, mas eles jamais o saberão.

Os homens do progresso

Deixemo-los, pois, entregues à doce e inquieta consciência de seu próprio gênio. Mas, ao lado desses, não faltam homens de progresso, que não deveriam temer a mudança das velhas hierarquias intelectuais. Entendemos homens de *progresso* no sentido literal do termo: homens que *caminham*, que não se preocupam com a classe social daquele que afirmou alguma coisa, mas vão conferir por si próprios se a coisa é verdadeira; viajantes que percorrem toda a Europa em busca de todos os procedimentos, métodos ou instituições dignos de serem imitados; que, ao escutar falar de alguma experiência nova, aqui ou acolá, se deslocam, vão observar os fatos, buscam reproduzir as experiências; que não veem porque se passaria seis anos aprendendo algo, se está provado que se pode aprendê-lo em dois; que pensam, sobretudo, que saber não é nada em si e que *fazer* é tudo, que as ciências não são feitas para serem explicadas, mas para produzir descobertas novas e invenções úteis; que, portanto, ao escutar falar de invenções aproveitáveis, não se contentam em louvá-las ou em comentá-las, mas oferecem, se possível, sua fábrica ou sua terra, seus capitais ou sua devoção para *testá-la*.

Não faltam viajantes e inovadores desse tipo para se interessarem ou, mesmo, para se entusiasmarem com a ideia das aplicações possíveis do método de Jacotot. Podem ser professores em ruptura com *o Velho*. Assim como o Professor Durietz, que se nutriu desde a juventude com Locke e Condillac, Helvétius e Condorcet, e cedo partiu para o ataque contra "o edifício empoeirado de nossas góticas instituições".[93] Professor da Escola Central de Lille, ele havia fundado na cidade um estabelecimento inspirado nos princípios desses mestres. Vítima do "ódio ideologívoro" votado pelo Imperador a "qualquer instituição que não se enquadrasse em seu objetivo de escravização

---

[93] *Journal de philosophie panécastique*, t.V, 1838, p. 277.

universal", sempre pronto a liberar-se dos métodos que procedem por *recuos*, ele veio aos Países Baixos realizar a educação do filho do Príncipe de Hatzfeld, Embaixador da Prússia. Foi aí que ouviu falar do método Jacotot; de visita ao estabelecimento que um antigo aluno da Escola Politécnica, M. de Séprès, fundara a partir desses princípios, reconheceu sua conformidade com seus próprios princípios, e decidiu propagar o método por toda parte onde fosse. Foi o que fez durante cinco anos, em São Petersburgo, em casa do Grande Marechal Paschoff, do Príncipe Sherbretoff e de outros dignitários amigos do progresso, antes de voltar à França – mas, não sem, de passagem, divulgar a emancipação em Riga e Odessa, na Alemanha e na Itália. Agora, ele pretendia "levantar o machado contra a árvore das abstrações" e arrancar daí, se pudesse, "até as fibras de suas últimas raízes."[94]

Ele falou de seus projetos a M. Ternaux, o ilustre fabricante de lençóis de Sedan, deputado da extrema-esquerda liberal. Não se poderia encontrar ninguém melhor, em matéria de industrial esclarecido: Ferdinand Ternaux não se havia contentado em reerguer a fábrica decadente de seu pai, fazendo-a prosperar em meio aos distúrbios da Revolução e do Império. Ele ainda quis fazer uma obra útil para a indústria nacional em geral, favorecendo a produção de caxemiras. Para tanto, recrutou um orientalista da Biblioteca Nacional e o enviou ao Tibete, para de lá trazer um rebanho de mil e quinhentas cabras a serem aclimatadas aos Pirineus. Ardoroso amigo da liberdade e das Luzes, quis verificar por si mesmo os resultados do método Jacotot. Convencido, prometeu apoio e, com sua

---

[94] *Ibidem*, p. 279.

ajuda, Durietz ganhou forças para aniquilar os "mercadores de supinos e gerúndios" e outros "sátrapas do monopólio universitário".

Ferdinand Ternaux não era o único fabricante a avançar assim. Em Mulhouse, a Sociedade Industrial, instituição pioneira criada graças ao dinamismo filantrópico dos irmãos Dolfus, confiou a seu jovem animador, o Doutor Penot, a responsabilidade por um curso de Ensino Universal para os operários. Em Paris, um fabricante mais modesto, o tintureiro Beauvisage, ouviu falar do método. Operário, fez-se sozinho e quis estender seus negócios, fundando uma nova fábrica na região da Somme. Mas ele não queria se separar de seus irmãos de origem. Republicano e membro da Maçonaria, sonhou transformar seus operários em associados. Esse sonho chocou-se, infelizmente, com uma realidade menos inspiradora. Em sua fábrica, como em todas as outras, os operários se invejavam entre si e só se punham de acordo quando se tratava de ir contra o patrão. Ele queria lhes fornecer uma instrução que destruísse neles o velho homem e permitisse a realização de seu ideal. Para tanto, se dirigiu aos irmãos Ratier, discípulos fervorosos do método, que pregavam a emancipação todos os domingos, na feira de tecidos.

Além dos industriais, há também os militares de progresso – principalmente entre os oficiais de engenharia e de artilharia – guardiães da tradição revolucionária e politécnica. É assim que o subtenente Schoelcher, filho de um rico fabricante de porcelana e oficial de engenharia em Valenciennes, visita regularmente Joseph Jacotot, que ali se encontra provisoriamente retirado. Um dia, ele se faz acompanhar de seu irmão Victor, que escrevia em diversos jornais e, havendo visitado os Estados Unidos, voltara

O emancipador e suas imitações

indignado que existisse ainda, em pleno século XIX, essa denegação da humanidade que se chama escravatura.

Mas o arquétipo de todos esses *progressistas* é, seguramente, o Conde de Lasteyrie, septuagenário e presidente, fundador e alma da Sociedade de Incentivo à Indústria Nacional, da Sociedade da Instrução Elementar, da Sociedade para o Ensino Mútuo, da Sociedade Central de Agronomia, da Sociedade Filantrópica, da Sociedade de Métodos de Ensino, da Sociedade da Vacina, da Sociedade Asiática, do *Journal d'éducation et d'instruction* e do *Journal des connaissances usuelles*. Abstenhamo-nos, entretanto, de rir, imaginando de pronto um acadêmico barrigudo, dormindo tranquilamente em todas essas cadeiras presidenciais. Pois, ao contrário, M. de Lasteyrie tornou-se conhecido por sua vivacidade. Em sua juventude, já havia visitado a Inglaterra, a Itália e a Suíça, para aprimorar seus conhecimentos em economia e aperfeiçoar a gestão de seus domínios. Inicialmente partidário da Revolução, tal como seu cunhado, o Marquês de La Fayette, assim mesmo precisou, por volta do ano III, refugiar-se na Espanha. Ali aprendeu a língua a ponto de traduzir diversas obras anticlericais, estudou os carneiros da raça merino a ponto de publicar dois livros sobre o assunto e impressionou-se com os méritos dessa espécie a ponto de trazer todo um rebanho para França. Ele ainda percorreu a Holanda, a Dinamarca, a Suécia – de onde importou a rutabaga – a Noruega e a Alemanha. Dedicou-se à engorda de animais, às fossas para conservação de grãos, à cultura de algodoeiros, assim como dos pastéis de tintureiro, dos indigoteiros e de outros vegetais próprios à produção da cor azul. Em 1812, soube da invenção, por Senefelder, da litografia.

Partiu imediatamente para Munique, onde aprendeu o procedimento, sendo responsável pelo primeiro prelo litográfico da França. Os poderes pedagógicos dessa nova indústria o haviam orientado para as questões de instrução. Assim, ele passou a militar pela introdução do Ensino Mútuo pelo método Lancaster. Mas não se tratava em nada de um exclusivista. Entre outras sociedades, ele fundou a Sociedade dos Métodos de Ensino, para estudo de todas as inovações pedagógicas. Tendo sido informado pelo rumor público dos milagres que se faziam na Bélgica, decidiu-se a ir ver pessoalmente as coisas.

Ainda ágil, em seus setenta anos – ele haveria de viver outros vinte, escrevendo livros e fundando sociedades e revistas, para combater o obscurantismo e promover a ciência e a filosofia – ele tomou a carruagem, viu o Fundador, visitou a instituição de Mlle. Marcellis propôs exercícios de improvisação e de composição às alunas, verificando que eram capazes de escrever tão bem quanto ele. A opinião da igualdade das inteligências não lhe causava medo. Ele percebia que isso representava um grande incentivo para a aquisição da ciência e da virtude, tanto quanto um golpe desferido contra as aristocracias intelectuais, bem mais funestas do que qualquer poder material. Ele esperava comprovar sua exatidão: então, pensava ele, "desaparecerão as pretensões desses gênios orgulhosos que, acreditando-se privilegiados pela natureza, se imaginam igualmente em direito de dominar seus semelhantes e de rebaixá-los quase à condição dos animais, a fim de gozar com exclusividade dos dons materiais que a fortuna cega distribui e que sabem adquirir aqueles que se aproveitam da ignorância dos homens" [95] De retorno, ele anunciou, portanto, à Sociedade dos Métodos de Ensino: era um imenso passo que acabava de ser dado pela civilização e a felicidade da espécie humana. A Sociedade devia examinar esse novo método e recomendá-lo como um dos mais destacados entre aqueles que se mostravam próprios a acelerar os progressos da instrução popular.

De carneiros e de homens

M. Jacotot apreciava o zelo do Conde. Mas, viu-se rapidamente obrigado a denunciar sua *distração*. Pois que se tratava, sem dúvida, de uma, e das mais estranhas, para quem aplaudia a ideia de emancipação, ir submetê-la à aprovação de uma Sociedade dos Métodos. Com efeito, o que é uma *Sociedade dos Métodos*? Um areópago de espíritos superiores que obram pela instrução das famílias e, para tanto, buscam selecionar os melhores métodos. Isso supõe, evidentemente, que as famílias são incapazes de selecioná-los por si próprias – já que, para tanto, seria forçoso que elas já fossem instruídas. Nesse caso, elas não mais precisariam que alguém as instruísse. E, nesse caso, elas não mais teriam necessidade da Sociedade – o que é contraditório com a hipótese. "É um velho truque, o das sociedades eruditas, ao qual todos sempre foram e provavelmente sempre estarão cegos. Impede-se o povo de se dar ao trabalho de examinar. A *Revista* se encarrega de ver, a Sociedade se prontifica a julgar; e, para dar-se o ar de importância que impressiona aos preguiçosos, jamais se louva,

---

[95] Lasteyrie, *Résumé de la méthode de l'enseignement universel d'après M. Jacotot*, Paris, 1829, p. XXVII-XXVIII.

jamais se reprova, nem de mais, nem de menos. Pois, a admiração entusiástica sempre anuncia um pequeno espírito: louvando-se ou reprovando-se comedidamente, além de se conquistar uma reputação de imparcialidade, conquista-se, ademais, um posto acima daqueles que são julgados; vale-se mais do que eles e com sagacidade se distinguiu o bom do medíocre e do péssimo... O relatório é uma excelente explicação embrutecedora que não pode deixar de fazer sucesso. Aliás, nele se invocam pequenos axiomas com os quais se recheia o discurso: *nada há de perfeito... É preciso desconfiar dos exageros... O tempo é que deverá sancionar...* [...] Um dos personagens toma a palavra e diz: – Meus caros, estabelecemos entre nós que todos os bons métodos passariam por nosso crivo e que a Nação Francesa confiaria nos resultados que sairiam de nossas análises. As populações dos diferentes Departamentos de França não podem ter sociedades como a nossa para dirigi-las em seus julgamentos. É bem verdade que há, aqui e ali, em certos centros, alguns pequenos crivos; mas o melhor crivo, o crivo por excelência, só em Paris pode ser encontrado. Todos os bons métodos disputam entre si a honra de serem depurados, verificados em vosso cadinho. Somente um tem o direito de se revoltar; mas nós o dominamos e ele passará por aí, tanto quanto os outros. A inteligência dos membros é o vasto laboratório onde se analisam legitimamente todos os métodos. Em vão, o Universal se debate contra nossos regulamentos, que nos concedem o direito de julgá-lo, tal como faremos."[96]

Não se pense, no entanto, que a Sociedade dos métodos tenha julgado o método Jacotot com malevolência.

---

[96] *Enseignement universel. Langue maternelle*, 6ᵉ ed., Paris, 1836, p. 446 e 448.

O emancipador e suas imitações

Ela compartilhava as ideias progressistas de seu presidente e soube reconhecer *tudo o que havia de bom* nesse método. É bem verdade que algumas vozes sarcásticas se ergueram no areópago de professores, para denunciar essa maravilhosa simplificação oferecida ao ofício de ensinar. E é bem verdade, também, que alguns espíritos permaneceram céticos diante dos "curiosos detalhes" que seu "incansável presidente" havia relatado de sua viagem. Fora da Sociedade, outras vozes ecoavam, denunciando a encenação do charlatão, as visitas cuidadosamente preparadas, as "improvisações" aprendidas de cor, as composições "inéditas", copiadas das obras do Mestre, os livros que se abriam sozinhos nos lugares certos. Ria-se, igualmente, do mestre ignorante de violão, cujo aluno havia tocado uma música completamente diferente daquela que tinha sob seus olhos.[97] Mas os membros da Sociedade dos métodos não eram homens de acreditar apenas em palavras. M. Froussard, cético, foi verificar o relato de M. Lasteyrie e voltou convencido. M. Boutmy verificou o entusiasmo de M. Froussard e, em seguida, M. Baudoin o de M. Boutmy. Todos voltaram convencidos. Mais precisamente, eles voltaram todos convencidos do *progresso* eminente que representava esse novo método de ensino. Mas eles não se preocuparam nem um pouco em anunciá-lo aos pobres, em por meio dele instruir os próprios filhos, nem em empregá-lo para ensinar o que ignoravam. Eles reivindicaram sua adoção pela Sociedade, na escola *ortomática* que essa organizava a fim de demonstrar concretamente a excelência dos novos métodos. A maioria da Sociedade, tanto quanto M. Lasteyrie, se opuseram a isto: a Sociedade

---

[97] Cf. *Remarques sur la méthode de M. Jacotot*, Bruxelas, 1827 e *L'Université protégée par l'ânerie des disciples de Joseph Jacotot*, Paris e Londres, 1830.

não podia adotar *um* método, "excluindo todos os outros métodos já propostos ou a serem propostos ainda". Se o fizesse, ela estaria "prescrevendo limites para a perfectibilidade" e destruindo aquilo que se constituía em sua fé filosófica e razão de ser prática: o aperfeiçoamento progressivo de *todos* os bons métodos passados, presentes e futuros.[98] Assim, ela rejeitou esse *exagero*, mas, imperturbavelmente serena e objetiva, concedeu ao ensino do método Jacotot uma sala da escola ortomática.

Nisso consistia toda a inconsequência de M. de Lasteyrie: no passado, não lhe havia ocorrido convocar uma comissão para apreciar o valor dos carneiros merino ou da litografia, ou ainda estabelecer um relatório sobre a necessidade de importar uns e outros. Ele havia tomado a iniciativa de importá-los, testando-os em seu próprio benefício. Mas, para a importação da emancipação, ele havia procedido de maneira bem diferente: tratava-se, segundo ele, de uma questão pública, a ser considerada em sociedade. Essa infeliz distinção repousava em uma não menos infeliz identificação: ele havia confundido o povo a instruir com um rebanho de carneiros. Os rebanhos de carneiros não se conduzem por si sós, ele pensara que o mesmo se passava com os homens: é claro que era preciso emancipá-los, mas cabia aos espíritos esclarecidos fazê-lo e, para tanto, eles deveriam compartilhar suas luzes, de modo a encontrar os melhores métodos, os melhores instrumentos de emancipação. Para ele, emancipar queria dizer substituir as trevas pela luz; ele havia pensado que o método Jacotot era um *método* de instrução como todos os outros, um sistema de iluminação dos espíritos, a ser

---

[98] *Journal d'éducation et d'instruction*, IVe année, p. 81-83 e 264-266.

comparado aos outros; uma invenção sem dúvida excelente, mas de *mesma natureza* que todas as que propunham, semana após semana, um novo aperfeiçoamento para a instrução do povo: o panlexígrafo de Bricaille, o citolégio de Dupont, a estequiotécnica de Montémont, a estereometria de Ottin, a tipografia de Painparé e Lupin, a taquigrafia de Coulon-Thévenot, a estenografia de Fayet, a caligrafia de Carsteairs, o método polonês de Jazwinski, o método galiano, o método Lévi, os métodos de Sénocq, Coupe, Lacombe, Mesnager, Schlott, Alexis de Noailles e cem outros, cujas obras e memórias afluíam para os escritórios da Sociedade. A partir daí, tudo estava dito: Sociedade, comissão, exame, relatório, Revista, *há pontos positivos e negativos, o tempo é que deverá sancionar, nec probatis nec improbatis* e, assim, até a consumação dos tempos.

No caso de melhorias agrícolas e industriais, M. de Lasteyrie agira à maneira do Ensino Universal: ele havia *observado, comparado, refletido, imitado, testado, corrigido* por si próprio. Mas, quando se tratou de anunciar a emancipação intelectual aos pais de família pobres e ignorantes, ele se *distraíra*, esquecera-se de tudo. Ele traduzira igualdade por PROGRESSO e emancipação dos pais de famílias pobres por INSTRUÇÃO DO POVO. Para se ocupar desses seres de razão, dessas *ontologias*, era preciso a intervenção de outros seres de razão, de corporações. Um homem pode conduzir um rebanho de carneiros. Mas, no caso do rebanho POVO, era preciso um rebanho chamado SOCIEDADE ERUDITA, UNIVERSIDADE, COMISSÃO, REVISTA etc., em resumo: embrutecimento, a velha regra da ficção social. A emancipação intelectual pretendera deixá-la para trás; no entanto, ei-la que ressurge em seu caminho, erigida em tribunal encarregado de triar, em seus princípios e exercícios, aquilo que convinha ou não às famílias, julgando em nome do progresso, ou, mesmo, da emancipação do povo.

O círculo dos progressistas

Não era, pois, uma simples inconsequência, devida ao cérebro cansado de M. de Lasteyrie, mas uma contradição que vai de encontro à emancipação intelectual quando essa se dirige àqueles que, como ela, desejam a felicidade dos pobres, aos homens de progresso. O oráculo do embrutecimento bem havia prevenido o Fundador: "Hoje, menos do que nunca, não podes esperar sucesso. Eles se creem progressistas e suas opiniões estão solidamente estabelecidas nessa base. Rio-me de teus esforços. Eles não arredarão de lá."

A contradição é simples de se expor; dissemos: um homem de *progresso* é um homem que *caminha*, que vai ver, que experimenta, modifica sua prática, que verifica seu saber, e, assim, infinitamente. Essa é a definição literal da palavra progresso. No entanto, um homem de progresso é também outra coisa: um homem que pensa a partir da opinião do progresso e erige essa opinião à condição de explicação dominante da ordem social.

Com efeito, sabemos que a explicação não é apenas o instrumento embrutecedor dos pedagogos, mas o próprio laço da ordem social. Quem diz ordem, diz hierarquização. A hierarquização supõe explicação, ficção distributiva, justificadora, de uma desigualdade que não tem outra explicação, senão sua própria existência. O quotidiano do trabalho explicador não é mais do que a menor expressão de

O emancipador e suas imitações

uma explicação dominante, que caracteriza uma sociedade. Modificando a forma e os limites dos impérios, guerras e revoluções mudam a natureza das explicações dominantes. Mas essa mudança é circunscrita em limites bastante estreitos. Sabemos, de fato, que a explicação é obra da preguiça. Basta-lhe introduzir a desigualdade, o que se faz sem qualquer dificuldade. A hierarquia mais elementar é a do *bem* e do *mal*. A relação lógica mais simples é a do *antes* e *depois*. Nesses quatro termos, o bem e o mal, o antes e o depois, tem-se a matriz de todas as explicações. *Antes, isso era melhor*, dizem alguns: o legislador ou a divindade haviam organizado as coisas; os homens eram frugais e felizes; os chefes, paternais, se faziam obedecer; a fé dos ancestrais era respeitada, as funções, bem distribuídas, os corações, unidos. Agora, as palavras se corrompem, as distinções se confundem, as hierarquias se misturam e a solicitude para com os pequenos se perde, juntamente com o respeito para com os grandes. Busquemos, pois, conservar ou revivificar o que, em nossas distinções, ainda nos une ao princípio do bem. *A felicidade é para amanhã*, respondem os outros: o gênero humano era como uma criança, entregue aos caprichos e aos terrores de sua imaginação, acalentada pelos contos de amas ignaras, submetida à força bruta dos déspotas e à superstição dos padres. Agora, os espíritos se esclarecem, os hábitos se civilizam, a indústria difunde seus benefícios, os homens descobrem seus direitos e a instrução lhes revela seus deveres para com as ciências. A partir de agora, será a *capacidade* que deverá decidir a hierarquia social. E caberá à instrução revelá-la e desenvolvê-la.

Encontramo-nos em uma época em que uma explicação dominante está em vias de sucumbir à força conquistadora de uma outra. Tempos de transição. Eis o que explica a inconsequência dos homens de progresso, como o Conde. Antes – quando a Universidade balbuciava *Barbara, Celarent* e *Baralipton* – encontravam-se *a seu lado* gentis-homens ou médicos, burgueses ou gente de Igreja que a deixavam falar, ocupando-se de *outra coisa*: faziam talhar e polir lentes ou as poliam eles próprios, para experiências de ótica; reservavam, nos açougues, os olhos das bestas para estudar sua anatomia; informavam-se entre si de suas descobertas e debatiam suas hipóteses. Assim se realizavam, nos poros da velha sociedade, *progressos*, isso é, atualizações da capacidade humana de compreender e de fazer. O Senhor Conde tem ainda um pouco desses gentis-homens experimentadores. Mas, no caminho, ele foi aspirado pela força crescente da nova explicação, da nova desigualificação: *o* Progresso. Já não são mais os curiosos e os espíritos indômitos que agora aperfeiçoam tal ou tal ramo das ciências, tal ou tal meio técnico. É a *sociedade* que *se* aperfeiçoa, que pensa sua ordem sob o signo do aperfeiçoamento. É a sociedade que progride, e uma sociedade só pode progredir socialmente, isto é, todos juntos e ordeiramente. O Progresso é a nova maneira de dizer a desigualdade.

Mas essa forma de dizer tem uma força bem mais temível que a antiga. Esta era continuamente obrigada a agir de maneira contrária a seu princípio. Antes, era melhor, dizia ela: quanto mais avançamos, mais vamos em direção à decadência. Essa opinião dominante tinha, entretanto, o defeito de não ser aplicável na prática explicadora dominante – a dos pedagogos. Esses últimos deviam, de fato, supor que a criança se aproximava da perfeição ao se afastar de sua origem, ao crescer, passando, sob a orientação que forneciam, de sua ignorância própria à ciência que dispensavam.

O emancipador e suas imitações

Cada prática pedagógica explica a desigualdade do saber como um mal, e um mal redutível em uma progressão infinita em direção ao bem. Cada pedagogia é espontaneamente progressista. Assim, havia discordância entre a grande explicação e os pequenos explicadores. Ambos embruteciam, mas em desordem. E a desordem do embrutecimento deixava espaço para a emancipação.

Esses tempos estão em vias de acabar. A partir daqui, a ficção dominante e o quotidiano do embrutecimento caminham no mesmo sentido. E, isso, por uma razão muito simples. O Progresso é a ficção pedagógica erigida em ficção de toda a sociedade. O cerne da ficção pedagógica é a representação da desigualdade como *retardo*: aí, a inferioridade se deixa apreender em sua inocência; nem mentira, nem violência, não é mais do que um retardo que se constata, para colocar-se em condições de superá-lo. É claro que nunca o conseguiremos: a própria natureza cuida disso, haverá sempre retardo, sempre haverá desigualdade. Mas, pode-se, assim, exercer continuamente o privilégio de reduzi-la, daí retirando um duplo proveito.

As pressuposições dos progressistas são a absolutização social dos pressupostos da pedagogia: antes, tateava-se, às cegas, as palavras mais ou menos mal recolhidas da boca das mães e amas não esclarecidas, por adivinhação, as ideias falsas retiradas do primeiro contato com o universo material. Agora, começa uma nova era, em que o homem-criança ganha o caminho reto de sua maturidade. O guia mostra o véu colocado sobre todas as coisas e começa a levantá-lo – como convém, ordenadamente, passo a passo, *progressivamente*. "É necessário retardar um pouco o progresso."[99] Métodos são necessários. Sem método, sem

---

[99] *Journal de l'emancipation intellectuelle*, t. IV, 1836-1837, p. 328.

um *bom* método, a criança-homem ou o povo-criança é presa das ficções da infância, da rotina e dos preconceitos. Com o método, ele põe seus passos nos passos daqueles que avançam racionalmente, progressivamente. Com eles, ergue-se numa aproximação indefinida. Jamais o aluno alcançará o mestre, nem o povo sua elite esclarecida; no entanto, a esperança de chegar lá os faz avançar pelo bom caminho, o das explicações aperfeiçoadas. O século do Progresso é o dos explicadores triunfantes, da humanidade pedagogizada. A força temível do novo embrutecimento é que ele imita ainda a marcha dos homens de progresso à maneira antiga, que ele ataca o antigo embrutecimento em termos apropriados para, à menor distração, revidar e colocar por terra espíritos que acabam de descobrir a emancipação.

O que significa, também, que a vitória que se anuncia, dos progressistas sobre o *Velho*, é também a vitória do *Velho* através de sua própria oposição, o triunfo absoluto da desigualdade instituída, a racionalização exemplar dessa instituição. Este é o fundamento sólido sobre o qual se erige o poder perene do *Velho*. O Fundador tentou mostrar aos progressistas de boa fé: "Os explicadores de indústria e todo o mundo já repetiu: vejam os progressos da civilização! O povo tem necessidade de artes e tudo o que se lhe vendia era o latim, de nenhum uso para ele. Ele vai desenhar, construir máquinas, etc. Filósofos, tendes razão, e admiro vosso zelo, sob o domínio de um Grande Mestre que não vos vem em socorro, molemente estendido em seu trono de línguas mortas. Admiro vossa devoção; vosso objetivo filantrópico é, sem dúvida, mais útil do que o do *Velho*. Mas vossos meios não serão os seus? Vosso método não é o seu? Não temeis ser acusados, tal como ele, de manter a supremacia dos mestres explicadores?[100] A boa vontade corre o risco de se tornar, assim, uma circunstância agravante. O *Velho* sabe o que quer, o *embrutecimento*; e age em consequência. Os progressistas, quanto a eles, gostariam de liberar os espíritos e promover as capacidades populares. Mas o que propõem é aperfeiçoar o embrutecimento, ao aperfeiçoar as explicações.

Este é o círculo dos progressistas. Eles querem arrancar os espíritos da velha rotina, da dominação dos padres e dos *obscurantistas* de toda sorte. Para isso, é preciso métodos e explicações mais racionais. É preciso testar e comparar, por meio de comissões e de relatórios. É preciso empregar na instrução do povo um pessoal qualificado e diplomado, instruído nos novos métodos e vigiado em sua execução. É preciso, sobretudo, evitar as improvisações dos incompetentes, não deixar aos espíritos formados pelo acaso ou pela rotina, que ignoram as explicações aperfeiçoadas e os métodos progressistas, a possibilidade de abrir escolas e de ensinar qualquer coisa, de qualquer maneira. É preciso evitar que as famílias, lugares de reprodução rotineira e da superstição inveterada, dos saberes empíricos e dos sentimentos mal esclarecidos, assegurem a instrução das crianças. É preciso um sistema bem ordenado de instrução pública. É preciso uma Universidade e um Grande Mestre. Em vão, dir-se-á que os gregos e os romanos não tinham Universidade nem Grande Mestre e que as coisas não iam assim tão mal. No tempo do progresso, não é preciso mais, para os mais ignorantes entre os povos atrasados, do que uma curta temporada

---

[100] *Enseignement universel. Mathématiques*, 2ᵉ ed., Paris, 1829, p. 21-22.

COLEÇÃO "EDUCAÇÃO: EXPERIÊNCIA E SENTIDO"

em Paris, para se convencerem "que Anitos e Meletos assinalaram, desde então, a necessidade de uma organização que regulasse: 1º) que é preciso explicar; 2º) o que é preciso explicar; 3º) como será preciso explicar". Sem estas precauções, bem se vê: "1º) que nossos sapateiros poderiam ostentar *Ensino Universal* junto a suas insígnias, como se fazia em Roma e Atenas, por falta de uma organização previdente; 2º) que o alfaiate pretenderá explicar as superfícies regradas, sem prévio exame, como se viu em Roma" e que, assim, acontecerá o que se deve a todo preço evitar: "que as velhas explicações se transmitissem de geração em geração, em detrimento das explicações aperfeiçoadas".[101]

O aperfeiçoamento da instrução é, assim, antes de tudo o aperfeiçoamento das *coleiras*, ou, antes, o aperfeiçoamento da representação da utilidade das coleiras. A revolução pedagógica permanente torna-se o regime normal, pelo qual a instituição explicadora se racionaliza, se justifica – assegurando, ao mesmo tempo, a perenidade do princípio e das instituições do *Velho*. Lutando por métodos novos, pelo Ensino Mútuo de Lancaster, os progressistas lutaram, primeiramente, para mostrar a necessidade de se terem melhores coleiras. "Sabeis que não aceitamos Lancaster e adivinhais porquê. No entanto, acabamos por vos permitir vosso Lancasteriano. Sabeis por que? É que a coleira ainda está lá. Preferiríamos vê-la em outras mãos. Enfim, não é preciso desesperar de nada, enquanto houver coleira. Vossa geometria aplicada não é, tampouco, de nosso gosto, entretanto ela é formalmente

---

[101] *Enseignement universel. Mathématiques*, 2ᵉ ed., Paris, 1829, 143.

aplicada."[102] Permitiu-se o Lancasteriano, em breve vos seria permitido o ensino industrial. Era uma coleira, tão boa quanto qualquer outra – não só porque podia fornecer instrução, mas, sobretudo, porque podia levar à *crença* na ficção desigualitária. Era um outro ardil que não se oporia ao mais antigo senão para melhor afirmar seu princípio, o princípio de todos os ardis; "Dávamos voltas em torno do latim; o instrutor escudeiro vai nos fazer dar voltas em torno das máquinas [...]. Se não se presta atenção, o embrutecimento vai se tornar maior à proporção que for menos sensível e mais facilmente justificável.[103]

Sobre a cabeça do povo

Avancemos: o Ensino Universal também pode tornar-se um "bom método", integrado à renovação do embrutecimento: um método *natural* que respeita o desenvolvimento intelectual da criança, ao mesmo tempo em que fornece a seu espírito a melhor das ginásticas; um método *ativo* que lhe concede o hábito de raciocinar por si própria e de enfrentar sozinha as dificuldades; que forma a segurança da palavra e o sentido das responsabilidades; uma boa formação *clássica*, que ensina a língua dos grandes escritores e despreza o jargão dos gramáticos; um método prático e *expeditivo*, que queima as custosas e intermináveis etapas dos colégios, para formar jovens esclarecidos e industriosos, prontos a se lançarem nas carreiras úteis ao aperfeiçoamento social. Quem pode mais, pode menos – e um método capaz de ensinar o que

---

[102] *Ibidem*, p. 22.
[103] *Ibidem*, p. 21.

se ignora permite ensinar facilmente o que se sabe. Bons mestres abrem escolas sob sua insígnia; mestres experimentados, como Durietz, como o jovem Eugène Boutmy, como M. de Séprès, antigo politécnico, que transferiu sua instituição de Anvers a Paris, e uma plêiade de outros, ainda, em Paris, Rouen, Metz, Clermont-Ferrand, Poitiers, Lyon, Grenoble, Nantes, Marseille... Sem falar nas instituições religiosas, mas, ainda assim, esclarecidas, como o estabelecimento do *Verbo Encarnado*, onde M. Guillard, que viajou a Louvain, desenvolve um ensino baseado no *Conhece-te a ti mesmo*; como os seminários de Pamiers, de Senlis e outros, convertidos pelo incansável elo do discípulo Deshoullières. Essas instituições – não nos referimos, é claro, às cópias que proliferam – se destacam pela exatidão com que seguem os exercícios do Método: *Calipso, Calipso não, Calipso não podia...*; e, em seguida, as improvisações, as composições, as verificações, os sinônimos etc. Em suma, todo o ensino de Jacotot é seguido, a não ser por um ou dois detalhes: por exemplo, aí não se ensina o que se ignora... Mas não é ignorante quem quer, e M. Boutmy não pode ser culpado por conhecer profundamente as línguas antigas, nem M. de Séprès, por ser um matemático dos mais brilhantes.

Os prospectos não falam, também, da igualdade das inteligências. Mas, essa é apenas, como se sabe, uma *opinião* do Fundador. Ele próprio nos ensinou a separar estritamente as opiniões dos fatos e a fundar qualquer demonstração somente sobre os últimos. Para quê chocar previamente os espíritos céticos, ou ainda não inteiramente convencidos, com a brutalidade desta opinião? Melhor mostrar-lhes os fatos, os resultados do método, para demonstrar a força do princípio. É também por esta razão que não se expõe o nome de Jacotot. Fala-se, sobretudo, de *método natural*, método reconhecido pelas melhores cabeças do passado: Sócrates e Montaigne, Locke e Condillac. O próprio Mestre não disse que não há método Jacotot, somente o método do aluno, o método natural do espírito humano? Para que, então, brandir seu nome, como um espantalho? Em 1828, Durietz já havia prevenido o Fundador: ele queria levantar o machado contra a "árvore das abstrações", mas ele não o faria à moda dos madeireiros. Ele queria se impor discretamente, permitindo-se, inclusive, "alguns sucessos ostensivos" para preparar o triunfo do método. Ele queria chegar à emancipação intelectual, por meio do Ensino Universal.[104]

Mas a revolução vitoriosa de 1830 oferecia um palco bem mais amplo para esta tentativa. Em 1831, a ocasião foi propiciada pelo mais moderno dos progressistas, o jovem jornalista Émile de Girardin. Ele tinha vinte e seis anos. Era o neto do Marquês de Girardin, que havia protegido o autor do *Emílio*. Bastardo, é bem verdade; mas inauguravam-se tempos em que ninguém mais se envergonharia de seu nascimento. Ele podia sentir a chegada da nova era e de novas forças: o trabalho e a indústria; a instrução profissional e a economia doméstica; a opinião pública e a imprensa. Ele zombava dos latinistas e dos pedantes. Ele zombava dos jovens tolos que as boas famílias da província enviavam a Paris, para cursar Direito e cortejar jovens mais oferecidas. Ele queria elites ativas, terras fertilizadas pelas últimas descobertas da química, um povo instruído sobre tudo o que pode concorrer para sua felicidade material e esclarecido sobre a balança dos direitos, dos deveres e dos

---

[104] *Journal de philosophie panécastique*, t. V, 1838, p. 279.

interesses, que faz o equilíbrio das sociedades modernas. Ele queria que tudo isso acontecesse rapidamente, que a juventude se preparasse, por meio de métodos rápidos, para se fazer, o quanto antes, útil à comunidade; queria que as descobertas dos sábios e dos inventores logo penetrassem na vida dos ateliês, dos lares e até nos lugares mais recônditos, a fim de engendrar novos pensamentos. Ele queria um órgão para difundir esses benefícios sem mais tardar. É bem verdade que havia o *Journal des connaissances usuelles*, de Lasteyrie. Mas esse tipo de publicações era muito oneroso e, assim, fatalmente reservado ao público que dele não tinha qualquer necessidade. Para que vulgarizar a ciência para acadêmicos, e a economia doméstica para mulheres do mundo? Por isso, ele lançou, através de uma gigantesca campanha de subscrições e de publicidade, o *Journal des connaissances utiles*, com uma tiragem de cem mil exemplares. Para financiá-lo e prolongar sua ação, ele fundou uma nova sociedade. Chamou-a, simplesmente: *Sociedade Nacional para a Emancipação Intelectual*.

O preço dessa emancipação era simples. "As constituições, tal como os edifícios, precisam de um solo firme e nivelado, dizia ele. A instrução fornece um nível às inteligências, um solo para as ideias [...] A instrução das massas coloca em perigo os governos absolutos. Sua ignorância, ao contrário, coloca em perigo os governos republicanos, pois, para revelar às massas seus direitos, os debates parlamentares não esperam até que elas possam exercê-los com discernimento. E, a partir do momento em que um povo conhece seus direitos, não há mais outro meio de governar, além de instruí-lo. O que todo governo republicano precisa, então, é um vasto sistema de ensino graduado, nacional e profissional, que leve luz à obscuridade das massas, que substitua todas as distinções arbitrárias, que designe para cada classe seu nível, para cada homem seu lugar." [105]

Essa nova ordem era sem dúvida a da dignidade reconhecida da população trabalhadora, de seu lugar preponderante na ordem social. A emancipação intelectual era a inversão da velha hierarquia, ligada ao privilégio da instrução. Até ali, a instrução havia sido o monopólio das classes dirigentes, que justificavam sua hegemonia pelo fato, bem conhecido, de que as crianças do povo, uma vez instruídas, não mais aceitavam o status de seus pais. Era preciso inverter a lógica social do sistema. A partir de então, a instrução não seria mais um privilégio: a falta de instrução é que seria uma incapacidade. Era preciso, para obrigar o povo a se instruir, que, em 1840, qualquer homem de vinte anos que não soubesse ler fosse declarado civilmente incapaz; era preciso que lhe fosse imediatamente reservado um dos primeiros números do sorteio que condenavam ao serviço militar jovens de pouca sorte. Esta obrigação a pesar sobre o povo seria, ao mesmo tempo, uma obrigação contraída em seu favor. Era preciso encontrar métodos expeditivos para que até 1840 toda juventude francesa soubesse ler. Tal foi a divisa da *Sociedade Nacional para a Emancipação Intelectual*: "Esparramai a instrução sobre a cabeça do povo, vós lhe deveis esse batismo."

Junto às pias batismais se mantinha o secretário da sociedade, rompido com a Sociedade dos Métodos, admirador entusiasta do Ensino Universal, Eugène Boutmy. No primeiro número do Jornal, ele prometia indicar métodos expeditivos para a instrução das massas. Ele manteve sua

---

[105] *Journal des connaissances utiles*, 3e année, 1833, p. 63.

palavra, em um artigo intitulado *O ensino por si próprio*. O mestre deveria ler em voz alta *Calipso* e o aluno repetir *Calipso*, em seguida, separando bem as palavras, *Calipso não*, *Calipso não podia*, etc. O método se chamava Ensino Universal Natural, em homenagem à natureza que ensinava, ela própria, seus filhos. Um honorável deputado, M. Victor de Tracy, havia instruído assim quarenta camponeses de sua comuna, com tal sucesso que eles puderam lhe escrever uma carta, na qual registravam sua viva gratidão por terem sido introduzidos na vida intelectual. Que cada correspondente do Jornal fizesse o mesmo, e logo a lepra da ignorância desapareceria inteiramente do corpo social.[106]

A Sociedade, que pretendia estimular instituições exemplares, interessou-se igualmente pelo estabelecimento de M. de Séprès. Ela enviou seus comissários para examinar o novo método de *autodidaxia*, que ensinava os jovens a refletir, a falar e a raciocinar *a partir dos fatos*, segundo o método natural, que sempre foi o das grandes descobertas. A situação do estabelecimento, situado à Rue de Monceau – num bairro parisiense renomado pelo seu ar – deixava bem pouco a desejar, no que se refere à salubridade de sua alimentação, de sua higiene e de sua ginástica, tanto quanto por seus sentimentos morais e religiosos. Em três anos de ensino secundário e por um preço máximo de oitocentos francos por ano, a Instituição comprometia-se a tornar os alunos aptos a apresentarem-se para qualquer exame, de modo que um pai de família podia prever exatamente o custo da instrução de seu filho, calculando sua rentabilidade. Nessas condições, a Sociedade conferiu à Instituição de M. de Séprès o título de *Liceu Nacional*.

---

[106] *Journal des connaissances utiles*, 2e année, n°2, 1832, p. 19-21.

O emancipador e suas imitações

Os pais que para lá enviassem seus filhos assumiam a responsabilidade de ler cuidadosamente os programas, para determinar a carreira a que destinavam esses jovens. Em contrapartida, uma vez essa carreira determinada, os comissários da Sociedade cuidariam para que a orientação desejada pelos pais fosse escrupulosamente seguida, a fim de que o aluno aprendesse tudo o que poderia fazê-lo distinguir-se em sua profissão, e que não aprendesse *nada de supérfluo*.[107] Mas os comissários não tiveram, infelizmente, a possibilidade de levar muito além sua colaboração com a obra do *Liceu Nacional*. Uma instituição agrícola bretã, destinada a difundir os conhecimentos agronômicos e, ao mesmo tempo, regenerar uma parte da juventude ociosa das cidades, precipitou a *Sociedade Nacional para a Emancipação Intelectual* em um abismo financeiro. Mas ela, ao menos, havia semeado para o futuro: "Era um bom jornal, o dos conhecimentos úteis. Havíamos tomado vosso termo de emancipação intelectual e emancipávamos nossos assinantes através de explicações. Esta emancipação não oferece qualquer perigo. Quando um cavalo recebe antolhos e é montado por um bom cavaleiro, sabe-se onde vai. Ele mesmo nada sabe, mas pode-se estar tranquilo: por entre montes e vales, ele jamais se desviará.[108]

O triunfo do Velho

Eis como o Ensino Universal e a própria expressão "emancipação intelectual" puderam ser colocados a serviço dos progressistas, que trabalhavam, eles próprios, para maior benefício do *Velho*. A divisão de trabalho

---

[107] *Ibidem*, 3e année, p. 208-210.

[108] *Journal de l'emancipation intellectuelle*, IV, 1836-1837, p. 328.

se operava assim: aos progressistas, os métodos e patentes, as revistas e jornais que entretinham o amor pelas explicações pelo aperfeiçoamento indefinido de seu aperfeiçoamento; ao *Velho*, instituições e exames, a gestão dos fundamentos sólidos da instituição explicadora e o poder de sanção social. "Por isso, todas essas patentes de invenções que se chocam com o vazio do sistema explicador: explicações de leitura, escrita metamorfoseada, línguas tornadas acessíveis, quadros sinóticos, métodos aperfeiçoados, etc., e tantas outras belas coisas, copiadas em livros novos, que oferecem novas explicações para os mais antigos; o todo recomendado aos explicadores especializados de nossa época, que se riem, e com razão, uns dos outros e de suas profecias. Jamais, como hoje em dia, os donos de patentes foram merecedores de tanta lástima. Eles são tão numerosos que quase não encontram um aluno que não tenha sua pequena explicação aperfeiçoada; de modo que serão brevemente reduzidos a se explicarem reciprocamente suas respectivas explicações [...] o *Velho* zomba de suas brigas, os excita, nomeia comissões para julgá-los; contudo, por mais que as comissões aprovem todos os aperfeiçoamentos, ele jamais cede seu velho cetro a qualquer um deles. *Divide et impera*. O *Velho* reserva para si os colégios, as universidades e conservatórios, e não concede aos outros mais do que patentes; diz-lhes que já é muito, e eles acreditam.

Tal como o tempo, o sistema explicador se alimenta de seus próprios filhos, aos quais devora à medida que são produzidos; uma nova explicação, um novo aperfeiçoamento nascem e morrem em seguida, para dar lugar a milhares de outros [...]

Assim se renovará o sistema explicador, assim se preservarão os colégios de latim e as universidades de grego. Gritar-se-á, mas os colégios ficarão. Zombar-se-á, mas os doutíssimos e sapientíssimos continuarão a se saudar, compenetrados em seus velhos costumes de cerimônia; o jovem método industrial investirá, diante dos maneirismos científicas de seu avô; no entanto, os industriais empregarão ainda suas regras e seus compassos aperfeiçoados para construir o trono em que o *Velho*, senil, reinará sobre todos os ateliês. Em uma palavra, enquanto houver madeira sobre a terra, os industriais farão cátedras explicadoras.[109]

Eis como a vitória dos *luminosos* sobre os *obscurantistas*, em andamento, colaborou para o rejuvenescimento da mais antiga causa defendida pelos obscurantistas: a desigualdade das inteligências. E, de fato, essa divisão de papéis nada tinha de inconsequente: o que fundava a *distração* dos progressistas era a mesma paixão que funda qualquer distração – a opinião da desigualdade. É bem verdade que a ordem social não obriga ninguém a acreditar na desigualdade, nem impede qualquer um de anunciar a emancipação aos indivíduos e às famílias. Mas esse simples anúncio – que os policiais jamais serão suficientes para impedir – encontra também a resistência mais impenetrável: a da hierarquia intelectual, que não tem outro poder, a não ser o da racionalização da desigualdade. O progressivismo é a forma moderna desse poder, purificada de toda mistura com as formas materiais de autoridade tradicional: os progressistas não têm *outro poder* senão a ignorância, a incapacidade do povo, que embasa seu sacerdócio. Como, sem abrir o abismo sob seus pés, diriam aos homens do povo que não

---

[109] *Enseignement universel. Mathématiques*, 2ᵉ ed., Paris, 1829, p. 191-192.

precisam recorrer a eles para serem homens livres e instruídos acerca de tudo que convém a sua dignidade? "Cada um desses pretensos emancipadores tem seu rebanho de emancipados, em que coloca sela, rédeas e brida."[110] Todos se unem, portanto, para rejeitar o único método que *não é bom*, o método *funesto*, isto é, o método da má emancipação, o método – o antimétodo – Jacotot.

Os que calam esse nome próprio sabem o que fazem. Pois esse é o nome que faz, por si só, toda a diferença, que diz *igualdade das inteligências* e cava o abismo sob os pés de todos os provedores de instrução e de felicidade para o povo. É preciso que o nome seja calado, que o *anúncio* não se propague. E que o charlatão o saiba, de uma vez por todas: "Tu podes gritar por escrito, os que não sabem ler não podem saber senão por nós o que imprimiste; e seríamos bem tolos em anunciar-lhes que eles não têm necessidade de nossas explicações. Se dermos lições de leitura a alguns, continuaremos a empregar todos os *bons* métodos, jamais os que poderiam passar a idéia da emancipação intelectual. Guardemo-nos de começar pela leitura das orações, pois a criança que as conhece poderia acreditar que as teria adivinhado por si própria. E, sobretudo, que ela jamais descubra que aquele que sabe ler as orações pode aprender a ler, sozinho, todo o resto [...] guardemo-nos de jamais pronunciar estas palavras emancipadoras: aprender *e* relacionar."[111]

O que, mais do que tudo, era preciso evitar era que os pobres soubessem que eles podiam se instruir por suas próprias capacidades, que eles tinham *capacidades* – essas capacidades que sucediam, agora, na ordem social

---

[110] *Droit et philosophie panécastique*, p. 342.

[111] *Droit et philosophie panécastique*, p. 330-331.

O emancipador e suas imitações

e política, aos antigos títulos de nobreza. E a melhor coisa a fazer era instruí-los, isto é, dar-lhes a medida de sua incapacidade. Por toda parte se abriam escolas, mas em nenhum lugar se desejava anunciar a possibilidade de aprender sem mestre explicador. A emancipação intelectual tinha fundado sua "política" sobre um princípio: não buscar penetrar as instituições sociais, passar pelos indivíduos e pelas famílias. Mas chegara-se a um momento em que esta separação, que era a possibilidade da emancipação, começava a se tornar caduca. Instituições sociais, corporações intelectuais e partidos políticos vinham, agora, bater às portas das famílias, se dirigir a todos os indivíduos para instruí-los. Até então, a Universidade e seu exame de admissão só controlavam o acesso a certas profissões: alguns milhares de advogados, de médicos e de universitários. Todo o resto das carreiras sociais estava aberto àqueles que se haviam formado à sua guisa. Não era preciso, por exemplo, bacharelar-se para ser politécnico. Mas, com o sistema de explicações aperfeiçoadas, instaurava-se, também, o de exames *aperfeiçoados*. Desde então, com a ajuda dos aperfeiçoadores, o *Velho* bloqueava cada vez mais, com seus exames, a liberdade de aprender por outro meio além de suas explicações e pela nobre ascensão de seus graus. A partir daí, o exame aperfeiçoado – representação exemplar da onisciência do mestre e da incapacidade do aluno em jamais igualar-se a ele – se ergueria como poder incontornável da desigualdade das inteligências sobre o caminho de quem pretendesse caminhar na sociedade por seus próprios pés. A emancipação intelectual via, assim, suas defesas – as falhas da antiga ordem – inexoravelmente investidos pelos avanços da máquina explicadora.

A sociedade pedagogizada

Para isso, todos conspiravam – e tanto mais, quanto mais queriam a república e a felicidade do povo. Os republicanos têm por princípio a soberania do povo, mas eles *sabem perfeitamente* que o povo soberano não pode ser identificado com a multidão ignorante e inteiramente entregue à defesa de seus interesses materiais. Eles *sabem perfeitamente* que a república significa igualdade de direitos e de deveres, mas que ela não pode decretar a igualdade das inteligências. E é claro que a inteligência de um camponês atrasado não é a mesma que a de um líder republicano. Uns pensam que a desigualdade inevitável concorre para a diversidade social, como a infinita variedade de folhas concorre para a inesgotável riqueza da natureza. Basta que ela não impeça que a inteligência inferior compreenda seus direitos e, sobretudo, seus deveres. Outros pensam que o tempo, pouco a pouco, progressivamente, atenuará esta deficiência, causada por séculos de opressão e de obscuridade. Em ambos os casos, a causa da igualdade – da boa igualdade, da igualdade não funesta – tem o mesmo *requisito*, a instrução do povo: a instrução dos ignorantes pelos sábios; dos homens mergulhados em suas preocupações materiais egoístas pelos homens devotados; de indivíduos fechados em seu particularismo pela universalidade da razão e do poder públicos. O que se denomina *instrução pública*, isto é, a instrução de um povo empírico programada por representantes do conceito soberano de povo.

A Instrução Pública é, assim, o braço secular do progresso, o meio de equalizar progressivamente a desigualdade, vale dizer, de desequalizar indefinidamente a igualdade.

O emancipador e suas imitações

Tudo sempre se sustenta em um só princípio, a desigualdade das inteligências. Admitido esse princípio, não haveria, em boa lógica, senão uma consequência a ser deduzida: a direção de uma multidão estúpida pela casta inteligente. Os republicanos e todos os homens de progresso sinceros sentem um salto no coração, diante dessa consequência. Todo seu esforço consiste em aceitar o princípio, recusando a consequência. É o que faz o eloquente autor do *Livro do povo*, M. de Lamennais. "Sem dúvida, reconhece *honestamente*, os homens não possuem faculdades iguais".[112] Mas o homem do povo deveria, por esta razão, ser condenado à obediência passiva, ser reduzido ao nível dos animais? Não pode ser assim: "Sublime atributo da inteligência, a soberania de si distingue o homem da besta".[113] É certo que a repartição desigual desse sublime atributo põe em perigo a "cidade de Deus" que o predicador convida o povo a edificar. Mas ela permanece possível, se o povo souber "servir-se com sabedoria" de seu direito conquistado. O meio para que ele não seja *depreciado*, o meio para que ele *se sirva* de seu direito *com sabedoria*, o meio para construir igualdade com a desigualdade, é a instrução do povo, isto é, a interminável compensação de seu atraso.

Tal é a lógica que se institui, a da "redução" das desigualdades. Quem consentiu com a ficção da desigualdade das inteligências, que recusou a única igualdade que a ordem social, poderia comportar, só pode mesmo correr de ficção em ficção e de ontologia em corporação, para conciliar povo soberano e povo atrasado, desigualdade de

---

[112] *Le Livre du peuple*, Paris, 1838, p. 65 e *Journal de philosophie panecastique*, t. V, 1838, p. 144.

[113] Cit. aproximada do *Livre du peuple*, p. 73, *in Journal de philosophie panecastique*, p. 145.

inteligências e reciprocidade de direitos e deveres. A Instrução Pública, a ficção social instituída da desigualdade como atraso é a mágica que conciliará todos esses seres de razão. E ela o fará ampliando ao infinito o campo de suas explicações e dos exames que as controlam. Nesse sentido, o *Velho* sempre ganhará, com as novas cátedras dos industriais e com a fé luminosa dos progressistas.

Contra isso, nada mais há a fazer, além de redizer sempre a esses homens supostamente sinceros que prestem mais *atenção*: "Mudai esta forma, quebrai esta coleira, rompei, rompei todo pacto com o Velho. Imaginai que ele não é mais imbecil do que vós. Pensai sobre isso, e dizei-me *o que vos parece.*"[114] Mas como poderiam eles escutar o que se segue? Como escutar que a missão dos luminosos não é esclarecer os obscurantistas? Qual homem de ciência e de devoção aceitaria deixar sua lucerna sobre o alqueire e o sal da terra sem sabor? E como as jovens plantas frágeis, os espíritos infantis do povo acreditariam sem o benfazejo orvalho das explicações? Quem poderia compreender que o meio, para eles, de elevarem-se na ordem intelectual não era aprender com os sábios o que ignoravam, mas ensinar a outros ignorantes? Este discurso, um homem pode, com muita dificuldade, compreendê-lo; mas nenhuma *capacidade* jamais o entenderá. Joseph Jacotot, ele próprio, nunca não o teria escutado sem o acaso que o fizera mestre ignorante. Somente o acaso é forte o suficiente para derrubar a crença instituída, encarnada, na desigualdade.

Bastaria, no entanto, um *nada*. Bastaria que os amigos do povo, por um curto instante, fixassem sua atenção sobre esse ponto de partida, sobre esse primeiro princípio,

---

[114] *Enseignement universel. Mathématiques*, 2ᵉ ed., Paris, 1829, p. 22.

O emancipador e suas imitações

que se resume em um simples e bastante antigo axioma metafísico: a natureza do todo não pode ser a mesma do que a das partes. O que se fornece de racionalidade à sociedade toma-se aos indivíduos que a compõem. E o que ela recusa aos indivíduos, a sociedade poderá tomar para si, mas jamais poderá devolver-lhes. Dá-se com a razão o mesmo que com a igualdade, que é seu sinônimo. É preciso escolher entre atribui-la a indivíduos reais ou à sua fictícia reunião. É preciso escolher entre fazer uma sociedade desigual com homens iguais, ou uma sociedade igual com homens desiguais. Quem tem só um pouco de gosto pela igualdade não deveria hesitar: os indivíduos são seres reais e a sociedade, uma ficção.

Bastaria aprender a ser homens iguais em uma sociedade desigual – é isto que *emancipar* significa. Esta coisa tão simples é, no entanto, a mais difícil de compreender, sobretudo desde que a nova explicação – o progresso – misturou, de forma inextricável, a igualdade e seu contrário. A tarefa à qual as capacidades e os corações republicanos se consagram é construir uma sociedade igual com homens desiguais, *reduzir* indefinidamente a desigualdade. Porém, quem tomou esse partido só tem um meio de levá-lo a termo: a pedagogização integral da sociedade, isto é, a infantilização generalizada dos indivíduos que a compõem. Mais tarde, chamar-se-á a isso *formação contínua* – coextensividade entre a instituição explicadora e a sociedade. A sociedade dos inferiores superiores será *igual*, ela *reduzirá* suas desigualdades, quando se houver transformado inteiramente em uma sociedade de explicadores explicados.

A singularidade, a *loucura* de Joseph Jacotot foi a de pressentir o momento em que a jovem causa da emancipação, a da igualdade dos homens, estava em vias de se transformar em causa do progresso social. E o *progresso social* era, antes de qualquer outra coisa, o progresso na capacidade de a ordem social ser reconhecida como ordem racional. Essa crença só poderia se desenvolver em detrimento do esforço de emancipação dos indivíduos razoáveis, ao preço do sufocamento das virtualidades humanas contidas na ideia de igualdade. Uma enorme máquina de promoção da igualdade pela instrução estava sendo constituída. Tratava-se da igualdade representada, socializada, *desigualizada*, própria para ser *aperfeiçoada*, isto é, retardada de comissão em comissão, de relatório em relatório, de reforma em reforma, até a consumação dos tempos. Jacotot foi o único a pensar esse ocultamento da igualdade sob o progresso, da emancipação sob a instrução. Entendamos bem: seu século conheceu uma profusão de oradores antiprogressistas, cuja lucidez os ares do tempo presente, de desgaste do progresso, obrigam a homenagear. Porém, talvez seja honra excessiva: eles simplesmente odiavam a igualdade. Odiavam o progresso, porque, como os progressistas, confundiam-no com a igualdade. Jacotot foi o único *igualitário* a perceber que a representação e a institucionalização do progresso acarretava a renúncia à aventura intelectual e moral da igualdade e que a instrução pública era o trabalho do luto da emancipação. Um saber dessa ordem provoca uma horrorosa solidão. Jacotot acostumou-se a essa solidão. Rejeitou qualquer tradução pedagógica e progressista da igualdade emancipadora. Ele fez saber aos discípulos que escondiam seu nome sob a insígnia do "método natural": ninguém, na Europa, estava em condições de carregar esse nome, o nome do louco. O nome Jacotot era o nome próprio desse saber, a uma só vez desesperado e irônico, da igualdade dos seres razoáveis, sepultada sob a ficção do progresso.

O emancipador e suas imitações

Os contos da panecástica

Não havia nada a fazer, senão manter a distância agarrada a esse nome próprio. Assim, Jacotot cuidou de colocar as coisas em seu devido lugar. Para os progressistas que vinham vê-lo, reservava um *crivo*. Quando eles se inflamavam por causa da igualdade, ele lhes dizia, suavemente: *pode-se ensinar o que se ignora*. Esse crivo mostrava-se, infelizmente, muito eficaz. Era como apoiar sobre uma mola que jamais deixava de responder. A palavra, diziam eles unanimemente, era *mal escolhida*. Havia ainda os discípulos, dentre os quais uma pequena falange, que incumbia-se, agora, de carregar a bandeira face aos professores do Ensino Universal "Natural". Com eles, procedia à sua maneira, pacificamente. Ele os dividia em duas classes: a dos discípulos *ensinadores* ou *explicadores* do "método Jacotot" – que buscavam conduzir os alunos do Ensino Universal à emancipação intelectual – e os discípulos *emancipadores*, que só instruíam a partir da premissa da emancipação, ou, mesmo, nada ensinavam, contentando-se em emancipar pais de família, na medida em que lhes mostravam como ensinar a seus filhos o que ignoravam. Está claro que, nem por isso, tinham o mesmo peso para ele, que preferia "um emancipado ignorante, um só, a cem milhões de sábios instruídos pelo Ensino Universal e não emancipados".[115] Porém, o próprio termo de emancipação havia se tornado equívoco. Após o fracasso do empreendimento de Girardin, M. de Séprès tomara o título *L'Émancipation* para seu jornal – generosamente

---

[115] *Journal de l'emancipation intellectuelle*, t. III, 1835-1836, p. 276.

alimentado pelos melhores trabalhos dos alunos do *Liceu Nacional*. A ele estava ligada uma *Sociedade para a Propagação do Ensino Universal* cujo vice-presidente defendia, de forma bastante eloquente, a necessidade de professores qualificados e a impossibilidade de que pais de família pobres pudessem se ocupar, eles próprios, da instrução de seus filhos. Era preciso marcar a diferença: o jornal de Jacotot, que seus dois filhos redigiam a partir do que ele ditava – sua enfermidade o impedia de escrever, ele era obrigado a lutar para sustentar uma cabeça que não mais queria se manter ereta – este jornal, portanto, tomou o título de *Jornal de Filosofia Panecástica*. À sua imagem, seus fiéis criaram uma *Sociedade de Filosofia Panecástica*. Desse nome ninguém tentaria apropriar-se.

Sabemos o que isso significava: em *cada* manifestação intelectual há o todo da inteligência humana. O panecástico é um amante de discursos, tal como o maligno Platão e o ingênuo Fedro. Mas, à diferença desses protagonistas de Platão, ele não reconhecia uma hierarquia entre os oradores, nem entre seus discursos. O que lhe interessava, ao contrário, era buscar sua igualdade. Tampouco ele esperava de qualquer discurso a verdade. Pois a verdade se sente, não se diz. Ela fornece uma regra para a conduta do orador, mas ela jamais se manifesta em suas frases. O panecástico também não julga a moralidade dos discursos. A moral que conta para ele é aquela que preside ao ato de falar e de escrever, aquela da intenção de comunicar, do reconhecimento do outro como sujeito intelectual capaz de compreender o que outro sujeito intelectual quer lhe dizer. O panecástico se interessa por todos os discursos, por todas as manifestações intelectuais, com um só objetivo: verificar se eles põem em ação a mesma inteligência; verificar, traduzindo-os uns nos outros, a igualdade das inteligências.

Isso supunha a adoção de uma atitude inédita em relação aos debates da época. A batalha intelectual acerca do povo e de sua capacidade está na moda: M. de Lamennais publicara o *Livre du Peuple*. M. Lerminier, saint-simoniano arrependido e oráculo da *Revue des deux mondes* havia denunciado a inconsequência. Mme. George Sand havia, por sua vez, tomado a si a bandeira do povo e de sua soberania. O *Journal de philosophie panécastique* analisava cada uma destas manifestações intelectuais. Cada qual pretendia trazer ao campo político o testemunho da verdade. Tratava-se de uma questão do interesse do cidadão, mas ao panecástico ela de nada interessava. O que lhe importava era a cascata de refutações, era a *arte* que uns e outros empregavam para exprimir *o que queriam dizer*. Ele mostrava como, ao traduzirem-se, eles traduziam mil outros poemas, mil outras aventuras do espírito humano, obras clássicas, como, até mesmo, o *Barba Azul* ou as réplicas proletárias da Praça Maubert. Essa pesquisa não era um prazer de erudito. Era uma filosofia, a única que o povo podia praticar. As velhas filosofias *diziam* a verdade e ensinavam a moral. Elas supunham que, para tanto, era preciso ser muito sábio. A panecástica não dizia a verdade, nem pregava qualquer moral. Além disto, era simples e fácil como o relato que cada qual faz de suas aventuras intelectuais. "É a história de cada um de nós [...] Qualquer que seja vossa especialidade, pastor ou rei, podeis discorrer sobre o espírito humano. A inteligência está em ação em todos os ofícios; ela pode ser encontrada em todos os degraus da escala social [...] o pai e o filho, ignorantes um e outro, podem entreter-se de panecástica."[116]

O problema dos proletários, excluídos da sociedade oficial e da representação política, não era diferente daquele dos sábios e dos poderosos: como esses últimos, eles só podiam tornar-se homens, no sentido pleno da palavra, pelo *reconhecimento* da igualdade. A igualdade não se concede, nem se reivindica, ela se pratica, ela se *verifica*. E os proletários não podiam verificá-la, senão reconhecendo a igualdade de inteligência de seus líderes e de seus adversários. Eles, sem dúvida, tinham interesse em lutar, por exemplo, pela liberdade de imprensa – atacada pelas leis de setembro de 1835; eles deviam, contudo, reconhecer que, para defendê-la, o raciocínio de seus defensores não dispunha nem de mais força, nem menos, do que dispunham de seus adversários para refutá-la. *Pretendo* – dizem, em resumo, alguns, *que se tenha a liberdade de dizer tudo aquilo que se deve ter a liberdade de dizer. – Não quero*, respondiam, em suma, os outros, *que se tenha a liberdade de dizer tudo aquilo que não se deve ter a liberdade de dizer*. O importante, a manifestação da liberdade, estava em outro lugar: na *arte* igual que, para sustentar essas posições antagônicas, uns traduziam dos outros; na *estima*, nascida da comparação, pelo poder da inteligência, que não cessa de se exercer no próprio seio da desrazão retórica; no *reconhecimento* daquilo que falar *pode* querer dizer, para quem renuncia à pretensão de ter razão e de dizer a verdade, ao preço da morte do outro. Apropriar-se dessa arte, conquistar essa razão – era isto que contava para os proletários. É preciso ser homem,

---

[116] *Droit et philosophie panecastique*, p. 214.

antes de ser cidadão. "Qualquer que seja o partido que, como cidadão, ele possa tomar nessa luta, como panecástico, ele deve admirar o espírito de seus adversários. Um proletário, expulso da classe dos eleitores e, por motivo ainda mais forte, da classe dos elegíveis, não é obrigado a considerar justo o que lhe parece como uma usurpação, nem de amar os usurpadores. Mas ele deve estudar a arte daqueles que lhe explicam como ele é despojado para o seu próprio bem." [117]

Nada havia a fazer, senão persistir em indicar essa via extravagante, que consistia em identificar em cada frase, em cada ato, o *lado da igualdade*. A igualdade não era um objetivo a atingir, mas um ponto de partida, uma *suposição* a ser mantida em qualquer circunstância. A verdade jamais falaria por si própria. Ela jamais existiria sem a verificação, sempre e em toda parte. E isso não era um discurso a fazer ao povo, mas apenas um exemplo, ou, antes, exemplos, a serem demonstrados em uma conversa. Isso era uma moral do *fracasso* e da *distância*, a ser mantida até o fim com aqueles que quisessem partilhá-la: "*Buscai* a verdade e não a encontrareis, batei à sua porta e ela não vos abrirá, mas essa *busca* vos será útil para aprender a fazer [...] renunciai a beber dessa fonte, mas não cesseis de buscar beber aí [...] Vinde, e poetizaremos. Viva a Filosofia Panecástica! Ela é uma contadora de histórias que jamais chega ao fim de seus contos. Ela se entrega ao prazer da imaginação, sem ter qualquer conta a prestar à verdade – que, velada, ela só enxerga por debaixo de seus disfarces. Ela se contenta em admirar essas máscaras, analisá-las, sem se atormentar quanto ao semblante que está por debaixo.

---

[117] *Droit et philosophie panécastique*, p. 293.

O Velho jamais está satisfeito; ele levanta uma máscara, se regozija, mas sua alegria dura pouco: ele percebe rapidamente que a máscara que retirou cobria uma outra, e, assim, até a consumação dos que buscam verdades. A supressão dessas máscaras superpostas é o que se chama de história da filosofia. Oh! Que bela história! Prefiro, porém, os contos panecásticos.[118]

O túmulo da emancipação

Assim se concluem as *Miscelâneas póstumas de Filosofia Panecástica*, publicados em 1841 pelos filhos de Joseph Jacotot – Victor, o médico, e Fortuné, o advogado. O Fundador havia morrido em 7 de agosto de 1840. Sobre sua lápide, no Cemitério Père-Lachaise, os discípulos fizeram gravar o *credo* da emancipação intelectual: *Creio que Deus criou a alma humana capaz de se instruir por si própria, e sem mestres.* Mas estas coisas, decididamente, não se escrevem, nem mesmo sobre o mármore de uma tumba. Alguns meses mais tarde, a inscrição seria profanada.

A notícia da profanação foi publicada no *Journal de l'émancipation intellectuelle*, cuja responsabilidade Fortuné e Victor Jacotot haviam assumido. Nunca é, contudo, possível substituir a voz de um solitário – nem mesmo quando, durante vários lustros, com ele se colaborou intimamente. De número em número, avolumaram-se, no *Journal*, os relatórios que M. Devaureix, advogado na Corte de Lion, preparava acerca da atividade do *Instituto do Verbo Encarnado* – que, como estamos lembrados,

---

[118] *Mélanges posthumes*, p. 349-351.

M. Louis Guillard dirigia nessa cidade, segundo os princípios que aprendera em sua viagem a Louvain: o ensino deveria ser baseado no *Conhece-te a ti mesmo*. Assim, o exame de consciência cotidianamente praticado pelas jovens almas dos pensionistas dava-lhes a força moral que conduzia ao sucesso de sua aprendizagem intelectual.

Os panecásticos puros e empedernidos sobressaltaram-se com essa curiosa aplicação da doutrina emancipadora, publicada no número de setembro de 1842. Não era mais, porém, tempo de debate. Dois meses após, era a vez de o *Journal de l'émancipation intellectuelle* silenciar-se.

O Fundador havia predito que o Ensino Universal não vingaria. É bem verdade que havia acrescentado, também, que ele jamais morreria.

Este livro foi composto com tipografia Garamond e impresso em papel Off-White 70 g/m² na Formato Artes Gráficas.